篠田 朝也　藤本 康男

中小企業のための管理会計

理論と実践

東京図書出版

は じ め に

　中小企業にとって管理会計はとても強力なツールとなります。なぜなら、経営者のみならず社員一人ひとりに影響を及ぼすからです。管理会計によって現場を「見える化」することで社員一人ひとりが「考え」、「行動に移す」契機を作ることができます。そして「見える化」→「考える化」→「行動化」というサイクルが永久に回り続けるのです。これはコンサルタントおよび税理士として10年間現場において管理会計導入を実践してきた経験から確信を持って言えます。しかしながら、中小企業において、管理会計をうまく使いこなしている例はごく少数であるというのが実態です。なぜでしょうか？　それにはいくつかの理由があります。

　まず、第一に管理会計の性格によるものです。管理会計は財務会計と違って外部の投資家や債権者に公表する必要が一部を除いてありません。財務会計は企業の外に向かって自社の経営状態を開示する目的がありますが、管理会計は企業内部の意思決定のために使われるからです。したがって、管理会計のノウハウは企業内部に蓄積され、企業の外に出ることはありません。これが第一の理由です。

　第二の理由は、中小企業に管理会計を導入する人材が極めて少ないということです。一般的に言って管理会計は大企業中心に発展してきたという経緯があります。実態として、管理会計の担い手は大企業の中にいて、外部に出ることはほとんどないと言っていいでしょう。一方、中小企業の身近には会計の専門家である税理士がいます。しかし、残念ながら税理士も企業内部で管理会計実務を経験した人はとても少ないのが実情です。

　以上のような理由で、中小企業に管理会計を導入する機会が極めて限られているのです。

　本書はそのような現状を打破し、広く、中小企業に管理会計を導入するべく書かれています。本書では、各章を理論編と実務編という二部

構成にしてあります。理論編では、主に実務経験のない学生諸君や初めて管理会計を学ぶ方に向けて管理会計をわかりやすく解説しています。理論編は北海道大学経済学部准教授であり北海道管理会計研究会（Hokkaido Management Accounting Research Society：以下 HoMARS）の共同主宰者である篠田先生に執筆いただきました。実務編では、実際に企業で実務についている方や企業を支援する立場にあるコンサルタントや税理士の方々がすぐに実践に移せるような内容にしています。

　本書は、HoMARS による発表事例等を基に編集されています。北海道という地方から日本の中小企業の活性化にお役立ていただければ望外の喜びです。

藤 本 康 男

目　次

はじめに 1

第一章　中小企業への管理会計導入の意義 7

理論編

1．会計とは何か 7
2．管理会計とは何か ― 財務会計と管理会計 ― 8
3．管理会計の体系 10
4．管理会計の特徴 11

実務編

1．中小企業の特性 ── 大企業との比較から 12
2．"お金"と"気持ち"の見える化としての管理会計 16
　　コラム１（日本アクセス北海道㈱　経理部長戸田猛）................. 21

第二章　経営理念とビジョンの大切さ 23

理論編

1．「顧客や社会への貢献」と「利益」の関係 23
2．経営理念とは 24
3．理念の浸透とビジョン 25

実務編

1．経営者の"気持ち"を見える化する経営理念とビジョン 25
2．経営理念の本質 32
　　コラム２（出塚水産株式会社　代表取締役出塚容啓）................. 34

第三章　経営戦略の立て方 36

理論編
1．事業戦略とは 36

実務編
1．経営戦略の策定手順 38

2．フレームワークの有効活用 40

3．自社分析のための見える化 43

　　コラム３（フーテックサービス株式会社　代表取締役今直樹）... 47

第四章　　売上管理 49

理論編
1．売上管理の重要性 49

2．売上の区分管理の重要性 50

実務編
1．売上管理の方法と売上予算の立て方 51

2．営業会議によるPDCAサイクル 55

　　コラム４（株式会社ソーゴー興部支店　営業杉山隆之）............. 58

第五章　　原価計算の導入 60

理論編
1．原価管理とは 60

2．中小企業への原価計算導入のハードル 60

3．実際原価と標準原価 61

4．製造間接費の処理 62

5．全部原価と部分原価 64

実務編
1．原価計算の意義 66

2．原価計算の計算構造 69

3．直接原価計算から始めよう 72

４．直接原価計算を活用した戦略的意思決定 81

５．全部原価計算の導入方法 83

６．原価低減活動への活用方法 93

　コラム５（ノースプレインファーム株式会社　常務取締役
　吉田年成） 96

第六章　　資金管理 98

理論編

１．資金の管理 98

２．運転資金 100

３．在庫管理 101

実務編

１．資金管理の現状 103

２．資金繰り計画表の作り方 103

３．在庫管理の重要性 107

４．在庫管理の方法 110

　コラム６（株式会社ソーゴー　管理部渡辺智美） 118

第七章　　予算管理の導入 120

理論編

１．予算とは 120

２．予算の機能 120

３．予算の編成方法 121

実務編

１．予算管理の意義 123

２．予算管理の全体像 123

３．実績の集計が第一歩 125

４．見える化→考える化→行動化 126

5．予算編成会議による気持ちの見える化 128
6．各種会議体によるPDCAサイクルの実践 131
　　コラム7（株式会社ソーゴー　代表取締役山市喜雅）.................134

第八章　BSC（バランスト・スコアカード）の導入 136

理論編

1．バランスト・スコアカードとは 136
2．BSCの形式と4つの視点 137
3．戦略マップ 139
4．戦略とBSC 140

実務編

1．戦略と予算管理の融合としてのBSC 141
2．BSC導入の狙い 145
3．BSC導入のコツ 147
　　コラム8（出塚水産株式会社　代表取締役出塚容啓）.................150

おわりに　〜中小企業への管理会計導入の課題と展望〜 153

おわりに 155

参考文献一覧 159

第一章　中小企業への管理会計導入の意義

理論編

　本書は、管理会計を中小企業に導入する際に参考になる知識をコンパクトにまとめようというコンセプトで書かれているものです。各章では、管理会計の具体的な手法をトピックごとに解説していますが、各章内の構成は、前半に理論編、後半に実務編という構成となっています。理論編では、各章の大まかな概要や考え方に対する理解を深めてください。そのうえで、実務編を読んでいただくと、具体的な導入の方法などの実践的知見が得られることでしょう。

１．会計とは何か

　管理会計について話を進める前に、まず「会計」とは何か、というそもそも論から簡単に整理しておきましょう。

　会計という用語は、日常用語でも出てくるものですが、企業会計の領域では、会計というものを「企業にかかわる経済的取引を認識して、測定して、記録して、要約して、報告するもの」と捉えています。

　ここで、「認識」とは、どのような経済的取引を把握するのかということを意味します。「測定」とは、認識した取引の経済的価値を金額的にいくらと捉えるのかということを意味します。「記録」とは、認識・測定した取引内容を帳簿等に記入して使えるデータとすることを意味します。この記録には、通常、複式簿記を利用します。さらに、「要約」とは記録されたデータを体系的に整理して、よりわかりやすく解釈できるような形式にすることを意味します。例えば、決算書は、記録された大量の取引データを解釈しやすいように整理された書類ということにな

ります。最後に、「報告」とは、この情報を知りたい人々に対して情報提供することを意味します。情報利用者はこれらの会計情報を何かに利用しようとしているわけですから、情報利用者の関心や利用目的に合うような情報を提供する必要があります。

　このような会計に関する見方はやや複雑で堅苦しいものになりますが、会計の本質を理解するうえでとても大切な視点となります。企業にはあらゆる経済的取引があります。それらを認識し、測定し、記録し、要約し、そして報告する、というプロセスを通じて、企業の経済的取引に関連する情報を役立てていこうとする仕組みが「会計」なのです。

２．管理会計とは何か ― 財務会計と管理会計 ―

「会計」の仕組みには、さまざまな利用方法がありますが、大きく、企業の外部者が利用する会計と内部者が利用する会計に区分されます。

１）財務会計

　外部者が利用する会計のことを、一般に「財務会計」と呼びます。財務会計の情報利用者（報告対象者）は、主に株主、投資家、および、銀行などの債権者となります。すなわち、企業へ資金を提供している人々です。特に、多くの株主を抱え、広く一般の投資家からの関心にさらされている上場企業にとって、この財務会計は大変重要な機能を果たします。経営者は、株主から拠出してもらった資金をいかに効率的に運用して、どれほど稼いだのかについて、株主に対して説明する責任を負っています。この説明責任を果たすために一般に決算書と呼ばれるような会計報告書を作成して、株主に報告をするわけです。外部の情報利用者が理解しやすいような情報を提供するために、財務会計には、会計基準などのルールが用意されています。

　ただし、多くの中小企業は上場していないので、株主と経営者は一体

第一章　中小企業への管理会計導入の意義

となっているケースが多く、広く一般の投資家の目にさらされ続けているわけでもありません。そのため、中小企業にとって財務会計の相対的重要性は、大企業のそれと比べると低くなりがちです。ただし、銀行から借り入れをしている場合、この銀行などの債権者は、当該企業に強く関心を有する外部者となりえます。したがって、中小企業であっても、企業外部から融資などによる資金調達を実施しようとすれば、外部報告会計について意識を高める必要があります。

　また、税の徴収主体である国や自治体なども、企業に関心を有する外部者に含まれます。わが国では、確定決算主義がとられているため、企業の決算を通じて確定した利益をもとに調整計算を行うことで課税対象となる所得が算定されます。したがって、税務会計的な視点が中小企業の外部報告会計の中心となっているという事情があります。

２）管理会計

　それに対して、企業の内部者が利用する会計が、本書の中心テーマとなる「管理会計」と呼ばれるものです。管理会計は、もともと企業の内部データである会計情報を、内部者が活用しようとするものです。したがって、財務会計と比べると、はるかに気軽にかつ自由に考えることができるものとも言えます。つまり、内部者が役に立つと考える会計情報であれば、好きなように加工し、解釈して、利用することができるわけです。ここに、管理会計と財務会計の決定的な違いがあります。財務会計には会計基準などのルールが用意されているのですが、管理会計には特にルールはありません。好きなようにして良いのです。とはいえ、好きなようにして良いと言われても、どうすれば良いのかすぐにはわかりません。そこで、管理会計論という領域が大学などの講座に用意され、管理会計の体系などが整理されてきているのです。これらの体系は、先人たちのさまざまな工夫を整理したものであり、これから管理会計を導入しよう、さらに活用していこうと考える人たちにとって示唆に富んだ道しるべになります。

9

3. 管理会計の体系

　管理会計の体系には様々なものがありますが、ここでは最も一般的なものにだけ言及しておきましょう。一般的な管理会計の体系によれば、管理会計は大きく2つの領域に区分されると考えられています。

　一つは、「意思決定会計」という領域です。これは、社長をはじめとするトップマネジメントが、経営にかかわる重大な意思決定、例えば、大規模な設備投資、新工場の建設、新事業への展開、企業買収などを行う際に、その是非の判断に役立つ情報を提供しようとする管理会計領域です。

　もう一つは、「業績評価会計」という領域です。これは、企業の各管理者が、企業が達成しようとする目標に向かって従業員を意識づけるために役立つ情報を提供しようとする管理会計領域です。例えば、売上目標や利益目標などに基づいて従業員を動機付けようとする会計実践は、この領域に含まれます。
「意思決定会計」は、インパクトが大きく、臨時的な事象にかかわることを扱いますが、「業績評価会計」は日々の日常的な企業経営を良好なものとするように実践されるものです。中小企業の経営をより良いものにしていくためには、とくに後者の「業績評価会計」に注目する必要があります。そのため、本書は、この業績評価会計の領域にスポットライトを当てたものとなっています。

　また、近年の管理会計の体系では、意思決定会計、業績評価会計のいずれの領域においても、企業の戦略を常に意識し、戦略と整合的な管理会計実践を行うことを重視すべきであるということに注目が集まるようになってきました。管理会計実践は企業内で戦略と整合するかたちで首尾一貫している必要があるわけです。そのような観点から、管理会計実践に関連して、敢えて「戦略管理会計」または「戦略的管理会計」など

第一章　中小企業への管理会計導入の意義

というような表現も用いられることが多くなっています。

4．管理会計の特徴

　管理会計は、企業内部者に様々な形で影響を与えるシステムです。特に、業績評価会計の観点から見れば、業績評価を受ける従業員のやる気はもとより、行動そのものにもインパクトを与えます。それゆえ、管理会計を単なる数値を示す計器のようなものと考えてはいけません。強力な影響システムであるということも意識しておく必要があります。

　したがって、管理会計実践をうまく機能させようとするならば、社内で、管理会計実践に関する理解を深めるための議論をするなどして、コミュニケーションを深めていく必要があります。また、管理会計実践で用いられる会計データは、利用目的に適合的でかつタイムリーなものでなければなりません。管理会計実践が従業員に適切な影響を与えるためには、従業員が管理会計の仕組みについて理解し、納得する必要があるからです。

　ただし、管理会計がすでに導入されている大企業では、組織内のコミュニケーションを深めるための仕組み（各種の会議等）が制度化されていますし、また、管理会計情報の収集・報告体制が整っています。これに対して、多くの中小企業では、この点で大企業と状況が異なるでしょう。したがって、特に中小企業では、管理会計実践を有効なものとしていくために、コミュニケーションの深化と、適切な情報収集体制の構築という点に配慮する必要があります。

```
実務編
```

1. 中小企業の特性 —— 大企業との比較から

　管理会計は一般的に大企業を中心に発展してきたと言いました。大企業向けの管理会計を中小企業にそのままあてはめてもうまく機能しません。というのも、中小企業は大企業と全く違う特性を持っているからです。したがって、中小企業に管理会計をスムースに導入するためには、まず、中小企業の特性を知ることから始めなければなりません。ここでは、大企業との比較から見ていきたいと思います。

1）現場データの量と質

　まず、第一の違いは現場データの量と質です。大企業では当たり前にある現場データが中小企業ではほとんどありません。その差は圧倒的です。現場データとは、正に現場のデータであり各部門の業務プロセスを数値化（見える化）したものです。例えば、営業部門であれば、得意先別商品別売上高や店舗別売上高などです。製造部門であれば製品別原価表や在庫回転率、歩留まり一覧などです。品質部門であれば商品別の仕損率やクレーム数などです。現場データは本社の経理部門などが持っている会計数値ではなく、現場で日々発生する情報を蓄積したものです。

　これらのデータの多くは各部門に張り巡らされた業務系システムによって捉えられたもので、一次情報を端末に入力すれば、それに付随する二次情報以降は自動的にシステムによってはじき出されます。大企業では、システム化が進んでいるので、当たり前のように現場データを使って業務を遂行しています。システム化されているため必要なデータはいつでも手に入れることができます。また、システムで管理しているため高い精度が保証されています。つまり、現場データの量と質が確保されているのです。

　一方、中小企業はどうでしょうか？　上にあげたような現場データは

まず社内にありません。最悪のケースでは顧問税理士が作成した決算書だけという会社も存在します。決算書は年間の全社の貸借対照表と損益計算書および販売管理費と製造原価の明細であり、せいぜい科目内訳で科目の中身が垣間見られる程度です。一方、きちんと毎月の試算表を作る顧問税理士も多数存在します。しかし、この場合でもできあがった試算表はあくまでも会計数値なのです。会計数値では、現場のプロセスまで見ることはできません。会計数値はプロセスの結果を表すものであって、プロセスそのものを明らかにはできないのです。

　現場データがないとどうなるでしょうか？　現場データは現場のさまざまな業務プロセスを数値化したもの、つまり見える化したものです。その現場データがないということは現場が見えないということです。

　中小企業で現場データがほとんどない理由は、まず、業務のシステム化が進んでいないことがあげられます。システム化されていないので、現場データを取るためには人手に頼ることになります。このため、その作業をする時間や人手がかかることになり現場データの収集が進まないのです。誤解を避けるために言いますと、中小企業でもシステム化をしている企業は相当数にのぼります。例えば、請求書作成システムなどは多くの中小企業で導入されています。ところが、請求書作成システムは請求書を作成することが第一義で作り込まれており、二次加工のためのカスタマイズができない仕様になっています。たとえば請求書作成システムに打ち込んだデータを利用して独自のフォーマットの資料を印刷したいと思っても、それはできない相談なのです。「それならいっそ外部のシステム会社に専用のシステムを開発してもらおう」と依頼をすれば百万円単位の費用がかかります。コスト面を考えれば市販のソフトを部分的な業務で使うという選択肢しか残されていないというのが実情なのです。

　現場データが少ないもう一つの理由は、現場データへの必要性を感じていないという点です。実際、現場データがなくても経営ができている

ので、わざわざ捉えようとしないのです。しかし、現場データがないまま経営を続けていると知らないうちにムダ・ムリ・ムラが積み重なり、気がついたときには大きな穴に落ちることになります。人の体に例えればわかりやすいでしょう。例えば、喫煙や常習的な飲酒はすぐには体の異変として現れません。しかし、何十年後に大きな病気（ガンなど）になる可能性が高いのです。気がついたときには手遅れということもよくある話です。大きな病気になる前に、生活習慣を改めることが肝要です。生活習慣を絶えず数値化して事前にチェックできれば大きな病気になることを防ぐことができるはずです。例えば、一日の喫煙本数を記録しておくことや飲酒の日数や飲酒時のアルコール摂取量などを記録することで見える化し、一定の基準内にとどめるようにコントロールすることが可能となります。

　また、そもそも現場データが知られていないケースもあります。例えば在庫回転率という言葉を聞いたことがなく、外部のコンサルタント等から指導されて初めて認識するということもあります。
　このような理由から中小企業では管理会計に必要不可欠な現場データが圧倒的に少ないのです。中小企業に管理会計を導入するためには、現場データを作り込むところから始めなければなりません。

２）会議体の量と質
　中小企業と大企業の第二の違いは、会議体の量と質です。大企業では、さまざまな会議体が存在します。グループミーティングから始まって、課内会議、部内会議などがあり、部門間での関係各部との会議も頻繁に行われています。例えば営業部門と製造部門との製造販売調整会議などです。また、工場全体や事業部全体の業績検討会も月に一度は必ず行われます。経営トップ層による経営会議も定期的に開催されています。また、それらの会議の内容は必要部門にはかならず共有されるようになっています。

第一章　中小企業への管理会計導入の意義

　一方、中小企業ではどうでしょうか？　私がこの10年間で経験した範囲では、定期的に会議体を持っている企業はごく少数です。定期的に会議体を持っている企業は比較的人数の多い企業に集中しています。それも、経営トップ層で行う経営会議がほとんどで部門間の会議までやっているところはさらに限られています。なぜ、会議体が少ないのでしょうか？

　その理由としては、まず、組織が小さいためわざわざ会議を開かなくとも、担当者同士の個別の依頼でことが足りるということです。例えば、営業マンから製造部門の担当者に対して納期を伝えるというようなことです。このやり方は気心の知れた担当同士のコミュニケーションであり、一見効率的に業務が回っています。このような個別の点と点を結ぶコミュニケーションが縦横に張り巡らされているということです。

　もう一つの理由は、現場データがないということです。大企業での会議体は現場データを介して行われています。現場データで事実を確認し、その事実に基づいて話し合いがもたれます。例えば、工場の月次業績検討会では、ラインごとの歩留まり実績や在庫回転率、仕損報告や調達部品コストダウン率などを示しながら問題点を指摘し、その対策を考えるということをやっています。つまり、業務プロセスを見える化して、客観的な事実として共有し、そこからわかる問題点を解決しているのです。
　ところが、中小企業では先に述べたとおり、現場データがありません。したがって、会議を開いても客観的事実が藪の中にあり、議論が空中戦となって収拾がつかなくなるのです。例えば、売上が昨年比で減少しているとしましょう。これは会計数値でわかります。しかし、その中身を確認する段になって会議が止まってしまいます。なぜなら、売上の明細（得意先別または商品別）のデータがないからです。また、材料費が大幅に増えていたとしましょう。これもその理由を聞いたとたんにストップします。何を買ったかは会計データでわかりますが、なぜ、その

15

材料がそんなに消費されたのかは現場データがないからわからないのです。例えば歩留まりが大幅に悪化したという現場データがあればその理由が突き止められます。しかし、その事実が不明なため、会議では推測でものごとを判断せざるを得なくなり、収拾がつかなくなってしまうのです。

　また、会議体自体が知られていないケースもあります。例えば、製造販売調整会議は今まで聞いたことがなく、外部のコンサルタント等から指導を受けて初めて導入することも珍しくありません。

　上記のような理由から中小企業においては会議体の量と質が少ないのです。個別のコミュニケーションで一見効率が良いように見えますが、会社全体から見れば必ずしもそうとは言えません。全社的視点から見れば、業務の重複やムダが発生していることがあるからです。また、現場データがないことで、本来なら改善すべき項目がそのまま放置されていることが予想されます。

　以上見てきたことから中小企業の特性を整理すれば、①現場データの量と質、②会議体の量と質が大企業に比べて圧倒的に少ないということです。したがって、中小企業に管理会計を導入する際には、これら二つの特性を十分理解したうえで導入する必要があるのです。

2.“お金”と“気持ち”の見える化としての管理会計

　では、どのような手順で中小企業に管理会計を導入すればいいかを見ていきたいと思います。中小企業の特性は現場データが少ないということ、そして会議体が少ないということでした。
　まず、現場データがないということは「現場のプロセスが見えない」ということです。また、現場のプロセスとはすべてお金に換算できるものです。企業は人、モノ、金、情報をインプットして利益というアウト

第一章　中小企業への管理会計導入の意義

プットを獲得しています。ということは、インプットとアウトプットの間にあるプロセスはすべてお金に還元できるはずです。つまり、「現場のプロセスが見えない」ということは「現場のお金の流れが見えない」ということになります。したがって、まず、「お金の流れの見える化」を、現場データを作り込むことで実現することが第一ステップとなります。

　次に、会議体が少ないということは「現場の意見が吸い上げられていない」ということです。現場の一人ひとりの意見は会議の場で発言されなければ認識されません。認識されないということは「見えない」ということです。また、意見とは論理的な判断だけでなく感情も含まれています。論理的な判断とは、「正しいか、正しくないか」という判断基準であり、会社にとって正しいことはやる、正しくないことはやらないという判断です。しかし、中小企業においてはもう一つの感情的な判断も重視する必要があります。感情的な判断とは「やりたいか、やりたくないか」という判断基準です。大企業と違って組織化が十分でない中小企業では担当者が一人しかおらず、担当者がヘソを曲げると仕事がストップするということが日常的に起こります。

　例えば、私の顧問先でこのようなことがありました。企画部門の責任者に対して、会社の方針である「新商品開発」のスピードアップを伝えたところ、「できません」という答えでした。なぜ、できないのか？と聞くと次のような答えが返ってきました。「今の人数では既存商品の対応で精いっぱいです。これ以上の業務は人を増やしてもらわないと無理です」というものでした。すなわち、彼はマンパワーが足りないということを主張しており、現状の人数ではそれ以上を求められても無理な相談だ、と言いたいのです。彼の主張は彼の部署だけの判断であれば正しいと言えます。しかし、会社全体では間違った判断と言えます。マンパワーを増やすことは短期的には人件費増となって会社全体では利益を減らすことになりますし、人が足りないのは企画部門だけではないから

17

です。企画部門だけ人を増やすことは各部門のバランスを考えればできないのです。

　この場合、「あくまでも会社の方針なのだからやってください」と言うことは簡単です。また、表面上は会社方針を押しつけることも可能です。しかし、このやり方は賢明ではありません。なぜなら彼が納得していないからです。納得していない状態で、上から命令しても結果として良い仕事はできないのです。彼の意見を受け入れたうえで、全社の視点を持ってもらうよう、根気強く対応することが必要です。実際、彼の反対意見の裏には会社への不満が隠れていました。そこを個別にヒアリングして明らかにし、丁寧に解きほぐしていく過程が必要なのです。

　意見は平たく言えば「気持ち」ということになります。したがって、現場の「気持ちの見える化」を、会議体を開催することで実現することが第二ステップとなります。

1）お金の流れの見える化

　では、お金の流れの見える化から見ていきたいと思います。この場合は現場データの作り込みがカギを握ります。先に見たように中小企業には業務系システムがほとんどありませんから、必要な現場データは人手で作り出すことが必要となります。人手で作り出すために一定の人と時間を投入することになります。したがって、まず、トップである社長自身が「手間暇をかけてでも現場データを取る」という意識を持つことが第一ステップとなります。外部のコンサルタント等が指導する場合は、いかに社長に意識を変えてもらうかが鍵となります。第二ステップは現場データを作り込む担当者を指名することです。具体的には、各部門につき一名を指名します。また、全体のとりまとめ役として一名（例えば経理部門の課長）を指名します。第三ステップは、それぞれの部門で一番優先順位の高い現場データを見つけることです。第四ステップはそのデータをどのように取るかを工夫することです。

第一章　中小企業への管理会計導入の意義

まとめると、次のようになります。

　　①社長が腹を決める⇒②担当者の選任⇒③優先順位の高い現場デー
　　タの選別⇒④現場データの取得方法の工夫⇒⑤全体のとりまとめ

　それぞれの具体的な方法については次章以降で順次みていきたいと思います。

２）気持ちの見える化
　次に、気持ちの見える化について見ていきたいと思います。少人数で動かしている中小企業において気持ちを見える化しておくことは極めて重要です。中小企業では大企業のような異動（転勤）がなく、常に同じ顔触れで仕事をすることになります。人間ですから感情的なもつれもあります。また、ソリが合う、合わないということもあります。大企業では転勤で強制的にそれらがリセットされますが、中小企業ではできません。では、どうするか？　その答えが、会議体の開催による気持ちの見える化です。見える化することでお互いの気持ちがわかり、働きやすい環境にすることができます。

　一方で、中小企業には大企業にはない気持ちも存在します。それは、地域に密着していることから生じる、地域との一体感です。転勤もなく定年まで勤め上げることで、何十年という年月をかけて作り上げたお客様や取引先との関係性は大企業の社員では味わえない気持ちです。その分だけ、社員一人ひとりが重要な役割を担っているのです。○○会社の工場長さんとか、○○会社の専務さんという呼称で親しみを持って呼ばれており、一人ひとりが粒だっているのです。

　さて、中小企業には大きく分けて二つの気持ちがあります。一つは社長の気持ちです。もう一つは社員の気持ちです。社長はだれからも指示を受けない特別な存在です。つまり、全社員に向けて指示を出す存在で

あり、一対多の関係を持つことになります。一方、社員は基本的に一対一の関係です。部門長においては一対数人という関係性もありますがそれも一対一の関係に分割することが可能な範囲と言えるでしょう。また、社員においては、上司 — 部下というタテの関係と他部門と自部門または自部門の中の同僚同士というヨコの関係があります。

　まず、社長の気持ちから見ていきます。社長の関係性は一対多であるといいました。したがって、社員全員に社長の気持ちをわかってもらう必要があります。そのためには明文化したものが必要となります。なぜなら、どの社員からみても同じ内容である必要があるためです。一人ひとりに口頭で説明することも重要ですが、社長の表現のブレによって各人の受け取り方に違いが生じる危険性があります。そして、社長の気持ちを明文化したものが経営理念でありビジョンと呼ばれるものです。

　次に、社員の気持ちを見てみます。社員の関係性はタテとヨコといいました。タテの関係性においては、上司による個別面談が有効です。また、上司と部下という関係性から本音が聞けない場合は、外部のコンサルタントを活用する方法が有効です。コーチングスキルのある専門家によるヒアリングは、社員の気持ちを十分に引き出すことが可能です。ヨコの関係性においては、部門間ミーティングが有効です。定期的に部門間ミーティングを開催することで日ごろの業務が大幅に改善します。製造部門と営業部門の製造販売調整会議がそれにあたります。また、部門内でのヨコの関係性では、部門内ミーティングが有効です。営業会議などがそれにあたります。これらの具体的な導入方法については次章以降でみていきます。

コラム1

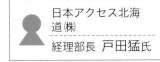

日本アクセス北海道㈱
経理部長　戸田猛氏

　私がこの会（HoMARS）に参加したのは、税務研究会での研修がきっかけでした。経理部門に配属されて間もない時期に「原価計算」をテーマにした研修を目にし、あまり見かけない題材でもあったためその研修を受講しました。その際講師をされていたのが、藤本さん、篠田先生のお二人でした。研修終了後、管理会計をテーマとした会を発足させるということで、ちょっと興味をそそられて申し込みをさせて頂きました。会社とは違うコミュニティを見つけてみたいという期待もありました。

　どれくらいの規模、どんな業種の方が参加されるのか少し不安も入り交じりながら1回目に臨みましたが、参加された方との情報交換を行うと、皆さんすでに藤本さんと関わりのある方ばかりで全く無縁な自分は少し異質な存在だったようです（笑）。会社の業種・規模感も様々でしたが、参加されている皆さんの会社の取り組み事例は自分にとっても大変刺激になりました。

　毎回の勉強テーマは管理会計に纏わる研究として「先生からの知識のインプット」と「参加者による実態・実例に即したアウトプット」を交互に行いながら参加者の研鑽を深めていくもので、私も僭越ながら「予算管理」をテーマにした自社取組をひとつの事例として紹介させて頂きました。

　当社では予算編成は毎年、半年近い時間をかけて策定しております。当年度の着地見込みから始まり、経営方針の策定、各部門の具体的なアクションプランへの落としこみ……。結果を出していくためにはより精緻なものが求められ、大変な時間と労力をかけて行っております。いざ取り組みを紹介していくと、自分の会社は管理会計という仕組みが体系的に整った環境にあることを改めて実感しました。他の企業の方と比較することで見えてきた事実です。当たり前のように実践されている管理会計の大切さ、有難みを改めて感じました。

しかし裏を返せば、すでに仕組みが存在している企業においては、その重要性を感じることが希薄になっている人も大勢いるということではないでしょうか。自分の勤める会社においても、管理部門以外の人たちにとって、いや管理部門の人ですら例外ではないかもしれません。

　参加されている皆さんの取り組み事例を耳にすればするほど、管理会計が何のために必要なのかを、改めて自問自答することが今回の参加の意義にも感じてきました。当たり前の環境にいることでは感じえなかったことです。

　HoMARS も初回開催からすでに14回を数え、延べ参加者数もかなり増えてきました。管理会計の視点においては、自分の会社は少し先にいる立ち位置かもしれません。管理会計の実践は時間も労力もかなり要しますが、経営判断のツールとして企業の成長の手助けをしてくれます。すでに実践している立場としては、導入・実践することで必ず企業は成長し、それに携わった人の成長にも繋がっていると自信をもって伝えていきたいです。本会を通じて、少しでも管理会計の大切さを理解していただく一助になればと思います。

第二章　経営理念とビジョンの大切さ

理論編

1.「顧客や社会への貢献」と「利益」の関係

　営利企業は利益を獲得することを目的とした組織であると考えられがちですが、利益を獲得することを企業の最優先の目的と考えるのはやや短絡的です。もちろん、利益を得られなければ企業は何もできないわけですから、利益を得ることは企業にとって必要不可欠であるということは間違いありません。しかし、世の中に多数存在する企業は、それぞれ異なる事業を通じて利益を得ています。どのような事業をどのように行うことで利益を得るのか、利益を得る方法は広く選択可能です。

　あらゆる企業には事業を始めた創業者がいます。その創業者は、何らかの強い思い入れをもって事業を開始します。もちろん、事業を開始した理由には、多額の利益を得たいという思いも含まれているでしょう。もしかしたら、利益を得やすそうだという理由だけで事業を選択したケースもあるかもしれません。とはいえ、利益を得られるのであればどのような事業でもよい、とは考えていないでしょう。創業者が敢えて選択したその事業には、少なからず何かしらの強い思い入れがあるはずです。

　また、利益を得るためには、当該事業が提供する価値が、一定の顧客から支持されていなければなりません。創業者が、どれほど利益を得たいと思っていても、顧客からの支持がなければ利益は得られません。顧客に対して何らかの価値を提供して、貢献をしなければ、事業を継続させることはできないのです。

23

ですから、事業を継続させるために重要なことは、どのような価値を、どのように顧客や社会に提供して、それを受け入れてもらうか、ということになります。つまり、ビジネスとは、「特定顧客への価値提供という有償の貢献活動」と表現することもできます。利益は、企業が提供したいと考えている価値が、顧客や社会に受け入れられたという結果であり、その価値提供活動を継続したり、拡大したりするための手段と考えることができます。そのため、企業がどのような価値をどのように顧客に提供することで、顧客や社会に貢献する存在となっていくのか、ということは、一度突き詰めて考えておく必要があります。

2．経営理念とは

　企業が果たすべき使命について明確に表現したものを経営理念と呼びます。経営者の観点から言えば、それは経営者の事業に対する強い思い入れを言語化したものとなります。具体的には、どのような価値をどのように顧客に提供することで、顧客や社会に貢献する存在となっていくのか、ということを突き詰めて考えた内容を言語化したものです。

　経営理念のなかにミッション（使命）とバリュー（価値観）がうまく織り込まれていると、その内容はより明瞭なものとなります。このような明瞭な経営理念が存在することで、経営者の思いが企業の方針として社内に示され、すべての従業員に共有されることになります。組織の成員がブレずに結束するための重要な指針となるわけです。また、経営理念を通じて組織の価値観を示すこともできれば、従業員が各種の判断をする際の判断基準を示すこともできます。従業員が様々な場面で判断に迷うときに、「わが社の理念に基づけばこの選択をすべきだろう」という基準で判断ができるようになれば、経営理念は有効に機能していると言えるでしょう。

第二章　経営理念とビジョンの大切さ

3．理念の浸透とビジョン

　理念は、経営者の思いを、企業の使命と価値観というかたちで表現したものとなります。したがって、やや抽象的なものとならざるを得ません。より具体的な「ビジョン」も併せて描く必要があります。ビジョンとは、中長期的な具体的目標です。5年後、10年後に、どのような企業となることを目指すかという内容を言語化した表現です。売上高××円の企業となる、店舗数を○店まで拡大する、顧客満足度調査で業界No.1を目指す、などでも構いません。達成度を確認できるように、金額でなくてもよいので、定量化された内容を含んでいる方が明確です。

　経営理念とビジョンを示すことで、経営者と従業員が、同じ使命、価値観、そして企業の具体的な将来像を共有することができるようになります。ただし、せっかく作り上げた経営理念やビジョンも、ただ掲げているだけでは、さほどの意味はありません。これらをいかに従業員に浸透させていくのか、ということがより重要であることは言うまでもありません。まず地道な第一歩は、経営者が従業員に語りかける場面、例えば、各種の会議などにおいて、常に経営理念とビジョンに触れるようにするところから始まります。企業内のすべての議論が、理念とビジョンを踏まえたうえで行われているという認識を従業員が持つようになれば、理念とビジョンが浸透してきたと言えるでしょう。

実務編

1．経営者の"気持ち"を見える化する経営理念とビジョン

1）経営理念とは

　経営理念（ミッション）とは、社長の気持ちを見える化するものと言いました。経営理念の定義はさまざまです。一般的には使命感を持ってやることで、会社の存在意義をいいます。つまり「会社は何のためにあ

るのか？」ということです。もっと平たく言えばこの会社で何をしたいのか？　何をなしとげたいのか？　という「目的」のことを言います。つまり「こういう会社にしたい」という気持ちを凝縮した言葉が経営理念です。一方、ビジョンとは経営理念をベースにした中期的な目標（ゴール）のことを言います。3〜5年後にどうなっていたいかをイメージし、それを言語化したものです。

　中小企業における経営理念は大企業とは違って生身の人間が作った生々しさがあります。また、地域に密着しているために地に足のついたものとなります。大企業では、地域というよりも日本全国およびグローバルな世界市場を相手にするために、いきおい、抽象的なものになる傾向があります。因みに私が勤務していたキヤノン株式会社の当時の経営理念は「世界人類との共生」でした。市場のみならず働くスタッフも世界各国から採用しているため、より大きな次元での表現にならざるを得ません。しかし、大企業の経営理念は大きすぎて一人ひとりのスタッフにどこまで響いているのか疑問が残ります。つまり、現場スタッフの行動を律するよりどころにならない可能性が大きいのです。世界人類と共生せよ、と言われても日々の業務にどのように落とし込んだら良いのか、正直なところ困惑してしまいます。

　それにひきかえ、中小企業の経営理念は社長の気持ちをストレートに表現することが可能です。私の顧問先である北海道紋別市にある蒲鉾製造販売の出塚水産株式会社の経営理念は「そのひとつを、一番大切な人のために」というものです。ここには、一番大切な人に食べてもらいたい、そして一番大切な人に喜んでもらいたいという気持ちと、一番大切な人に贈りたいと思っていただける品質を貫くという社長の強いメッセージが込められています。この理念を聞いた社員は、目先の利益より品質を重視するという社長の気持ちを汲んで日々の業務に携わることができます。因みに私自身のコンサル会社の経営理念は「お金の流れと気持ちを見える化することで、地域に根差した企業を元気にすること」で

第二章　経営理念とビジョンの大切さ

す。日本は地方が元気にならないと良い社会にならないという信念があります。大企業の社員ではその会社しか良くできませんが、管理会計コンサルとして地域に貢献できれば、少なくとも私の顧客企業の業績向上にお役にたてるのではないかという思いがあります。

２）経営理念の作り方

では、経営理念はどのように作ればいいのでしょうか？　経営理念は社長が会社を作った目的で「こういう会社にしたい」という気持ちを言語化するものといいました。とはいえなかなかすぐに言語化できるものではありません。ここで、少し回り道をして、そもそも経営理念は必要なのか？　ということを少し掘り下げてみたいと思います。そのことによって経営理念をどのように作ればいいのかの糸口を見つけたいと思います。

会社は利益がなくては存続できません。ですので、まずは利益を生み出せるかどうかを考えることが先決となりがちです。ビジネスモデルがきちんとしていないと利益を継続的に作り出すことは難しいからです。では、利益を継続的に生み出せるビジネスモデルがあれば経営理念はなくてもよいのでしょうか？

答えは明確にノーです。なぜなら、経営理念は会社の目的といいました。経営理念がないということは、会社の目的がないということを意味します。目的のない会社とはどういう存在でしょうか？　人生に置き換えて考えてみればわかりやすいかもしれません。目的のない人生であっても人は生きていかなければなりません。そして、生きていくためには働いてお金を得て食べていかなければなりません。つまり、生存するために働いて食べるという生活になります。結果、生存すること自体が目的になってしまいます。このような人生を送りたいと考える人はいないのではないでしょうか。

27

会社も同じことです。目的のない会社であっても存在しなければなりません。存在するためには、利益を獲得しなければなりません。結局、利益を生むことが第一義となり、利益を生むことが目的となってしまうのです。利益を生むことが目的となった会社は何のために利益を出しているのかわからなくなります。そして、長期的には理念がないために継続的に利益を作り出すことができなくなると言ってもいいでしょう。

　利益第一主義になってしまった会社はどうなるでしょうか？　例えば製造業であれば、ある社員は品質よりも利益を重視して最終工程の品質チェックを省いて人件費を浮かすことを考える。またある社員は経費削減を優先して定期的なメンテナンスを省いてしまう。結果として、大きな品質トラブルや設備の故障によって経費削減で得た利益を大きく上回る損失を被ることになります。サービス業であればお客様の利便性よりもコスト重視になり、結果的に顧客が離れてしまいます。例えばホテルでコスト削減のために古いマットレスを使い続けたらどうなるでしょうか？　お客様は高級マットレスを採用している競合のホテルに流れていってしまうでしょう。利益第一主義の会社で働く従業員は、短期的に損をしても長期的に得をするという発想ができません。なぜなら、短期的にでも業績が悪化したらすべて自分の責任になり、反対に短期的に業績があがれば自分の評価につながると考えるからです。経営者にとってみれば、長期的な利益を重視して働いて欲しいと思っていても、それは従業員には伝わりません。

　以前のことですが、経営理念に懐疑的な社長がいました。社長いわく「経営理念で飯が食えるか？」と。しかし、この言葉の裏には、経営理念などは絵空事でしかない、という気持ちが見え隠れしています。逆説的ですが、この社長は「絵空事でない経営理念」というものが自分にはない、ということを白状したにすぎません。この会社の社員は常に社長の顔色を見ながら仕事をしていました。なぜなら社長の言うことがころころ変わるからです。何をすれば社長の気持ちに沿えるのかがわからな

い状態で仕事をしているので、常に社長の顔色を見て、これでいいのか
どうかを確認する必要があるのです。これでは、業績の向上は見込めま
せん。

　以上から、経営理念とは、利益よりも上位にある概念であることがわ
かると思います。会社を存続させる利益よりも大切で上位にある概念で
す。とはいえ、利益が必要ではないということではありません。いいか
えれば、「自分の会社はどのような姿勢（考え方）で利益を出し、そし
て何を成し遂げたいのか」ということです。例えば、先の出塚水産で言
えば明確に品質重視ということがわかります。経費削減を優先して必要
なメンテナンスや修繕を取りやめることはしません。メンテナンスや修
繕を定期的に行うことで常に一定の品質を保ち、結果として会社の利益
に貢献し、お客様に満足を得てもらうことができるのです。お客様の一
番大切な人の「おいしい」という言葉を聞くために会社は利益を追求し
ているのです。

　経営理念の策定のためには、まず、社長自身が何のために利益を生む
のか？　を突き詰めて考えてみることが第一歩です。利益のその先にあ
るもの、それがつかめれば経営理念にたどり着くことはそれほど難しい
ことではありません。

　とはいえ、社長一人で経営理念を作ることは簡単ではありません。そ
のような場合には外部のコンサルタントや経営幹部と一緒に作ること
をお薦めします。因みに私がコンサルティングで経営理念を作る際に
は、社長とマンツーマンで約三カ月間のヒアリングを行います。まず最
初に行うことは、社長の起業にいたるまでのヒストリーを確認すること
です。最初の仕事についてから起業するまでの道のりを丁寧に聞いてい
きます。仕事をするうえで大切にしてきたこと、価値観などを聞いてい
きます。そこで、コアとなる価値観を煮詰めていくのです。コアとなる
価値観が見えてきたら、それを簡潔な言葉に置き換えていきます。社長

がしっくりくる表現を何度も書き変えて確認していきます。そして、最後にしっくりくる言葉にして経営理念の土台を決めます。土台が決まれば、そこから、社長の成し遂げたいことをヒアリングしていきます。また、同時に、どのような社員と働きたいか？　社員にどうなってもらいたいのかをヒアリングしていきます。それらを、簡潔な言葉に置き換えていきます。それがまとまれば、経営理念と行動指針ができあがります。

　月一回のミーティングを三回程度繰り返すなかで、これらの作業をすすめていきます。必ず議事録をとり、次回の冒頭で議事録の確認をします。また、社長にはミーティングの終わりに次回までの宿題を伝えておき、ミーティングとミーティングの間の時間も有効に使ってもらうようにします。経営理念を一人で作ることはなかなか大変です。多忙な社長業の中で「重要だけど緊急性がなくかつ強制力のきかない」経営理念作成の時間を確保することは至難の業なのではないでしょうか？　そのような場合には、外部のコンサルタント等をうまく活用して「強制力」を作り出すことで経営理念作成に取り組まれると良いと思います。

3）ビジョン
　ビジョンとは3〜5年後の具体的な目標（ゴール）です。経営理念が社長の人生をかけた目的であるのに対し、ビジョンはその過程にある3年から5年という中期的な時間軸の中で達成したいゴールです。ビジョンはできるだけ具体的に映像として思い描くことが重要です。なぜなら、映像化することでより自分の中のイメージを強くすることができるからです。また、社員に説明する際にも言葉だけでなくビジュアル化することでより伝わりやすくなり、ゴールに到達しやすくなります。

　具体的には、3年後に新店舗を開設するとか、新しいビジネスモデルを展開するとか、社員数を二倍にするとかです。ビジョンを作る時のポイントは、ちょうど「いい加減」の目標を作るということです。つま

第二章　経営理念とビジョンの大切さ

り、目標が高すぎても低すぎてもダメということです。高すぎる目標では社員がついてきませんし、逆に現状の延長線上で達成できるような目標では組織のパワーが落ちてしまいます。現状のままではできないけれど皆が力を合わせればぎりぎり到達可能な目標をビジョンとすべきです。

　ビジョンができたら、次はビジョンを達成するための戦略を考えることになります。現状と目標を比較して、なにが足りないのかを洗い出し、どうやったら達成できるのかを検討します。そのためにはまず、現状を把握することが必要です。次に、現状と目標の乖離（ギャップ）を認識します。ギャップの中身は、大きく分けて人材、資金、設備とノウハウの三つに分けられます。そして、それぞれのギャップをどのようにすれば解消することができるのかを考えていきます。ギャップを埋めるための具体的な方策がアクションプランとなります。誰が、どのように、いつまでにやるかを決めて定期的な進捗管理を行っていきます。[1]

　また、ビジョンを会計数値で表したものが中期経営計画となります。中期経営計画は会計数値で表されますが、そのプロセスは現場データで裏打ちされなければなりません。つまり、アクションプランに紐付けられた現場データの進捗を管理することによって、中期経営計画の達成を担保することが重要となるのです。もし、現場データがなければ中期経営計画は宙に浮いた計画となり、その達成はいきおい不透明にならざるを得ません。

　具体的には1年後、3年後、10年後のなりたい姿をまとめていきます。売上や利益目標といった財務数値から、営業活動エリアの拡大、組織や人材面での拡充、ビジネスモデルの拡大などを1枚のシートに書き

---

[1]　これらの戦略は第八章でみるBSC（バランスト・スコアカード）に詳述しています。

込んで常に目に見えるところに貼っておくことをお薦めします。常に目にすることで、実現への強いモチベーションが湧いてくるからです。ビジョンは社長の心強い相棒となって常に支えてくれるでしょう。

２．経営理念の本質

　経営理念とは会社を作った目的であり、利益の先にあるものと言いました。ここでは、経営理念をさらに深く掘り下げて考えてみたいと思います。

「人間は社会的な存在である」と言われています。人は一人では生きてゆけません。必ず何がしかの関係を社会と結びながら生きています。社会とはその意味で人間のコミュニケーションの集合体と言えるでしょう。人は他の人とのコミュニケーションを生まれながらにして欲する生き物だということです。つまり、人と交わることで喜びを感じる生き物なのです。

　人と交わるということは、他者を認識することから始まります。認識するということは単に物理的に存在しているということを確認することではなく、その人全体を把握するということです。つまり、その人に「関心」を持つということです。関心とはその人の属性を知ることです。また、その人が成し遂げてきたことやこれから成し遂げようとすることにも及びます。特に、これから成し遂げようとしていることについては、特段の関心を持つことになります。なぜなら、それこそがその人の人生ということになるからです。これから成し遂げようとすることを知れば、まるで自分のことのように思えるものです。映画やドラマの登場人物に自己投影した経験は誰にでもあるでしょう。これからどういうことが待ち受けているのかハラハラドキドキ、でも、わくわくしながら見入ってしまいます。

第二章　経営理念とビジョンの大切さ

　つまり、人間とは他者のこれから成し遂げようとすることに大いなる関心を寄せる存在と言えるのではないでしょうか？　人は将来に賭け現在を生きています。これは全ての人に当てはまります。しかし、より鮮明に企業家にあらわれていると言ったら言い過ぎでしょうか？　人生を賭け会社を興し、何かを成し遂げようとする姿に人は関心を寄せるのではないでしょうか？　そこに、自己投影する自分を発見しているのです。

　経営理念とは、まさに、企業家の人生そのものを表す言葉に他なりません。その言葉にお客様が自己投影して応援してくれるものなのです。また、従業員は、その言葉を自分の人生の目的と同化させ一緒に頑張ってくれるのです。経営理念の本質はこの点にあると言っていいでしょう。

コラム2

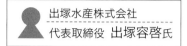

　1996年、いまから22年前（当時）、36歳のときに、突然、社長になりました。

　当時、自分の会社の社員の名前はおろか、商品名も、会社の住所すら知らない状態でしたので、経営理念など私の中にあるはずもありません。

　それから数年間は、自分なりに、何か独自色をださなければ、とか、新商品を開発しなければ、とか、そんな脅迫観念にも似た切羽詰まった心理状態のなかで、必死に何かを作り出そうとしていました。

　そんなある日、お客さんに言われました、「この田舎臭いパッケージデザインがいいんだよねぇ」と。

　その時、やっと気が付きました。世の中には、変わらなくていいものもあるということを。

　この数年間、私は無意識のうちに、子供のころ目にした祖父の働く姿、父の働く姿、そんな姿と自分の仕事ぶりを比べていました。何かを判断するとき、祖父なら、父なら、と考えていたのかもしれません。3人の中に、何か共通する考えがあり、それが永年一定の判断基準としてきた当社の礎ではないかと思うようになりました。

　そんな考えから、小さな田舎の会社が商品を作って、売る、買ってもらうことを続けるには、何が必要なのか、何を必要と考え続けてきたのか、を一言で言いあらわす言葉を考え、それを経営理念としたのが、今から11年前です（当時）。

第二章　経営理念とビジョンの大切さ

「そのひとつを、一番大切な人のために」

　私たちは、毎日毎日、たくさんのかまぼこを作っています。その一つ一つを丁寧に作り続けることは簡単ではありません。でも、実際に、お客様に食べていただけるのは、その中の一つかもしれません。その一つが丁寧に作られたかまぼこであるためには、一つ一つのかまぼこを、自分の一番大切な人に食べてもらうものと考え、決して手を抜くことなく作り続けなければなりません。それは、簡単なことではありません。しかし、小さな田舎の会社には必要なことなのです。

第三章　経営戦略の立て方

理論編

1. 事業戦略とは

　事業戦略とは、端的にいえば、経営上のビジョンを達成するための作戦ということになります。企業は、激しい競争環境のなかでも生き残りを図るための作戦を立てる必要があります。このような、事業戦略の代表的な考え方には、ポジショニングアプローチと資源アプローチがあります。

　ポジショニングアプローチの基本的な考え方は、有利に戦える場所を見つけて、そこで戦うようにしようとするものです。多数のライバルと衝突する戦いの場をできる限り避けて、ライバルの少ないところで生き残りを図ろうとする作戦です。

　一方、資源アプローチは自社の強みをいかに強化し、うまく生かしていくのか、という発想の作戦です。戦う場所を選ぶというよりは、自社の能力（例えば、技術力、情報処理能力、組織能力など）の方に目を向けて、どのような点であれば卓越することができるのかについて考え抜こうとするものです。

　この２つのアプローチは、作戦を立てるうえでの視点について整理したものと言えますが、実務において必ずしも背反するものではありません。実際には、戦う場所もうまく選びながら、自社の能力をうまく強化して利用するということを、同時に考えていく必要があります。様々な考え方をうまく活用して、有益な作戦を立てることが大切です。また、

これらの考え方に基づいた各種のフレームワーク（概念枠組み）も用意されています。詳しい内容は本章の実務編での解説に譲りますが、各種のフレームワークを用いることで、作戦の立案者である経営者は、さまざまな作戦が立てやすくなるというわけです。

　このように、経営者が、作戦を立てて、それを示すことで、現場は方針を得て、組織として迷うことなく日々の経営活動に当たることができるようになります。管理会計は現場の各種の情報を把握する仕組みですから、経営者は、作戦の遂行状況を確認し、作戦を円滑に遂行し続けるために、管理会計の整備について検討しなければなりません。すなわち、戦略を遂行するための管理会計の整備です。とはいえ、それほど複雑なものを要求しているわけではありません。例えば、低価格の製品で他社との差別化を図ろうとする作戦をとるのであれば、コスト管理に必要な管理会計の仕組みが必要となるでしょう。また、サービス内容で差別化を図ろうとするのであれば、顧客別・商品別の売上や、販売促進費用などに関する情報を得る管理会計の仕組みが必要となります。経営上重要な作戦に関連する情報を、まずはシンプルに収集して、まとめていくということが求められます。そして、これらの管理会計情報を通じて、作戦の遂行状況の良否を確認したり、必要に応じて是正活動を行うことができるようになるわけです。

　また、通常、戦略のような作戦は、経営者が作成して、現場はその作戦を指示通りに遂行していくという流れなのですが、経営環境の変化の激しい状況下においては、現場での作戦遂行の結果を踏まえた迅速な作戦の修正の重要性が指摘されるようになっています。そこで、戦略の立案と修正に役立つ管理会計も重視されるということになります。具体的な管理会計手法には、第八章で紹介するバランスト・スコアカードがありますが、まずは、高度な手法よりも、シンプルな管理会計情報を活用しながら、経営者と従業員のコミュニケーションを深め、具体的かつ双方にとって説得力のある戦略に関する議論ができるような会議体などを

機能させていくことが肝要となります。

$$\boxed{\text{実務編}}$$

1．経営戦略の策定手順

　経営戦略とはビジョンを達成するための道筋です。つまり、戦略の前にビジョンが必要不可欠となります。戦略の定義はさまざまですが、私は「戦略とは何か？」とお客様に問われた場合、次のように答えるようにしています。「戦略とは山に登る際にどのルートで登るかを決めることです。どのルートをたどってもゴールは同じ山頂ですが、どのルートでいくかは社長の自由です。そして、どのルートでいけば、自社にとって、最も無理なく決められた時間内（ビジョン達成の期限）にたどり着けるのかを考えることです」

　つまり、ゴールに向かうための道筋は無数にありますが、自社にとって最も実現可能で最も効率よくゴールにたどり着けるルートは、自社の置かれている環境や自社の内部にある経営資源（人、モノ、お金、情報）によって絞られてくるものなのです。例えば、お金も人も潤沢な会社であれば、山のふもとから頂上まで整備された直線道路を作って登ればいいのです。一方、人もお金もない会社であれば、人一人がようやく通れるような道をかき分けつつ迂回して登ればいいのです。

　では、どのように道筋を絞っていくのかについて見ていきたいと思います。まず、最初にやることは自社を取り巻く環境の分析です。環境は大きく分けて、「お客様」、「競合他社」、「自社の状況」の三つがあります。それぞれについて、検討を加えていきます。まず、お客様ですが、自社の商品やサービスを買ってくれるお客様は誰なのか？　を想定していくことです。いくら自分で自信のある商品を作っても、それを買ってくれるお客様が誰なのかがわかっていなければ売上を作ることは難しい

でしょう。つまり、その商品を買ってくれそうな顧客層（ターゲット）を想定することで、売上を作ることが可能となるのです。

　次に、競合他社です。ターゲットとなるお客さまが想定されると、同じ顧客層をターゲットにしている競合他社が浮かび上がってくるはずです。また、競合他社は、今現在は存在していなくても、今後新規に参入してくることも考えられます。そのことも視野に入れながら、競合の選定を行っていきます。

　最後に自社の検討です。競合他社の存在がわかれば、競合他社と自社を比較検討することが可能になります。自社が競合他社より劣っている点があれば改善する必要がありますし、反対に競合他社より優れている点があればますます強化して他社の追随を許さないようにすることが可能です。自社を分析する際には、「強み」、「弱み」、「機会」、「脅威」の４項目で分析することが有効です。「強み」と「弱み」は会社の内部の分析であり、「機会」と「脅威」は会社の外部の分析となります。それぞれ、会社の内部と外部の検討を行うことにより、自社の進むべき道が明らかになってきます。

　会社の内部の強み、弱みを分析する際には、会社の組織を俯瞰することが重要です。会社の組織は製造業で言えば、外部からモノを仕入れ、内部で製造し、品質をチェックし、販売し、アフターフォローするという流れになります。また、間接部門である総務や経理の助けも必要になってきます。これらの部門がうまく連携することによって最終的なお客様に価値を届けて満足してもらうことになります。自社の部門のなかで強みを発揮している部門はどこか？　反対に弱みになっているところはないか？　を俯瞰して見ることで発見することができます。

　一方、会社の外部の機会と脅威は、政策（Politics）、経済情勢（Economy）、社会環境（Society）、技術革新（Technology）などから導いてい

きます。これらはそれぞれの頭文字をとって「PEST 分析」と呼ばれます。

　今までの流れを整理すると、１．顧客分析により「顧客」が明らかになり狙うべき市場がわかる。２．その市場にいる競合他社の存在も明らかとなり、競合他社の商品の特徴や売り方がわかる。３．自社の強み、弱みを洗い出し競合他社と比較検討することによって、自社のとるべき戦略（道筋）がわかる、ということになります。
　次に、さらに細かく、どのような商品を、いくらで、どこで、どのように売るのかという検討に入ります。この際にも、競合他社や自社の分析が土台にあることで、より合理的で実現可能性の高い戦略が描けることになります。

２．フレームワークの有効活用

　上で述べてきたことは、実は、経営戦略を策定する際によく使われるフレームワークに沿って書いています。フレームワークとは日本語でいえば「思考の枠組み」というような意味ですが、簡単な図式で表すことができ、覚えておくと非常に便利です。

　上記の戦略策定で使ったフレームワークは順に、「3C 分析」、「SWOT 分析」、「バリューチェーン分析」、「マーケティングの4P」と言われるものです。3C 分析はそれぞれ「Customer」、「Competitor」、「Company」の頭文字であるＣを差したものです。また、SWOT 分析は「強み：strength」、「弱み：weakness」、「機会：Opportunity」、「脅威：thread」の頭文字をとったものです。バリューチェーン分析は会社の内部の組織が、それぞれどのような価値をつけてお客様に届けているかを見ていくものです。最後のマーケティングの4P は、「Product」、「Price」、「Place」、「Promotion」の頭文字をとったものです。図で相関関係を示すと次頁のようになります。

第三章　経営戦略の立て方

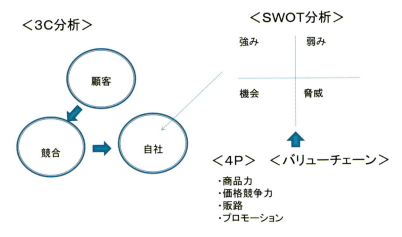

図3-1　主な経営環境分析フレームワーク

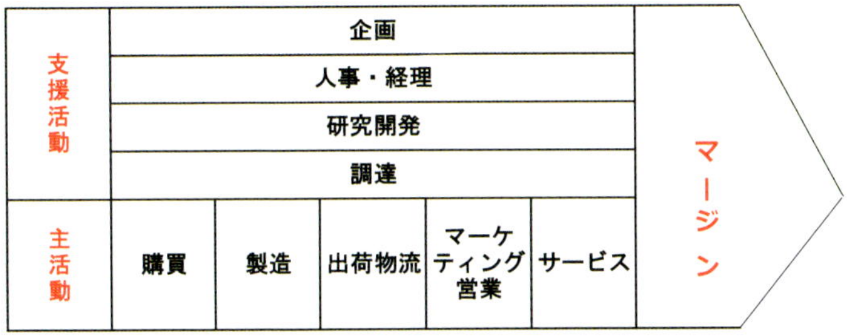

図3-2　バリューチェーン（価値連鎖）

　先述の使い方は一つの例ですが、私の10年間のコンサルティング経験の中で最も使いやすい組合せです。その他にもよく使われるフレームワークとして「アンゾフの成長マトリックス」や「5フォース分析」などがあります。5フォース分析はSWOT分析の中で包摂されるものでもありますので、ここでは説明を省きます。

　アンゾフの成長マトリックスは、市場を「既存市場」と「新市場」の二つに分け、同様に商品やサービスを「既存商品」と「新商品」の二つに分けて、それぞれの組合せで4つの領域を作り、異なる戦略を描くこ

41

とができるように工夫されています。図で示すと以下のようになります。[2]

	既存市場	新市場
既存商品	市場浸透	市場開拓
新商品	新商品開発	多角化

図3-3　アンゾフの成長マトリックス

　既存商品と既存市場が交わる領域は市場をもっと深掘りする戦略（市場浸透）が選択されます。また、既存商品と新市場が交わる領域は新しい市場を開拓する戦略が取られます。また、新商品と既存市場が交わる領域は新商品開発戦略が取られます。最後に、新商品と新市場が交わる領域は多角化戦略が取られます。これらの4つの戦略は同時に行うことも可能ですが、経営資源の乏しい中小企業は、「市場浸透」→「市場開拓」→「新商品開発」→「多角化」の順にやることが無難と言われています。しかし、現市場が競合他社との競争の結果、飽和状態であることも多く、その場合にはむしろ「新商品開発」や「多角化」を同時並行的に実施していくことが有効といえます。

　市場浸透と市場開拓は営業マンの活動量を増やす工夫をすることで可能となります。新商品開発については顧客のニーズを捉えなおすことや顧客をずらすことで実現可能になります。顧客をずらすとは、（地理的な）既存市場の中にある新たな顧客を探すことです。例えば、企業向けの商品を売っていた企業が個人客をターゲットにするというようなことです。最後の多角化戦略は、いわゆる新規事業を作り出すことも含まれますが、ここでは、もっと現実的に新商品を地理的に離れた新しい市場

---

[2]　本書のケースでは市場の概念を地理的な概念としています。

第三章　経営戦略の立て方

で売り出すということを意味しています。つまり、先の例で言えば、個人客向けの新しい商品を隣町で売り出すということです。

　全く新しい事業を興す場合は、M&A などを活用してリスクを下げる工夫をすることが重要です。もっとも、M&A の場合には企業を買収するための資金（調達）力が必須となります。外部資金を活用する場合は返済負担なども十分考慮にいれて検討する必要があります。

3．自社分析のための見える化

　経営戦略を策定する際に、並行して、自社を定量的に分析することが重要です。経営戦略が理論的な枠組みとすれば、その理論を補完するものが定量的なデータです。定量的なデータで実態を把握しておくことで、自社の強み、弱みがより鮮明になり、進むべき道がはっきりとしてきます。

　定量的なデータは無数にありますが、戦略を補完する目的では大きく分けて二種類のデータがあれば十分です。それは①自社の売上に関するもの、②自社の利益に関するもの、です。

　まず、売上に関するものから見ていきます。売上については、自社の売上の中身を見える化するために、売上構成を分析します。商品群ごとの売上構成割合や販売店ごとの売上構成割合などが該当します。それらを、数字だけでなく、円グラフなどで表示して見やすくする工夫をしておくとより有用です。また、単年度だけでなく、数年にわたって時系列でまとめておくと、商品群ごとの盛衰も明らかにすることができます。売上構成割合が見えてくると、自社の稼ぎ頭の商品群や、反対に苦戦している商品群が明確になります。また、今後伸びていく商品がどれか、衰退していく商品がどれか、も大枠でつかむことができるようになります。実際に数字で分析してみると、社長の頭の中の数字と乖離するケー

スもしばしば出てきます。

　次に、利益に関する分析を見てみます。利益は商品群ごとの限界利益と粗利を見える化していきます。そのことによって、会社の利益構成が明らかになってきます。[3]

　限界利益分析は商品群ごとの変動費を集計することで可能になります。変動費は内製品であれば材料費や包装資材費が該当します。仕入商品であれば仕入高が該当します。限界利益分析では商品群ごとの稼ぐ力が明らかになります。限界利益は会社の内部に残った利益を表すため、その商品群の稼ぎだす「最大限の利益」を示しています。限界利益の段階で赤字の商品は、値上げをするか製造中止にするかの選択を迫られることになります。逆に限界利益率が高い商品は、会社の利益に大きく貢献している可能性があります。しかし、限界利益分析だけでは正しい判断はできません。本当に利益貢献しているかどうかは、粗利分析をしないとわからないのです。

　粗利分析は、限界利益から社内加工費を引いて算出します。限界利益－社内加工費が商品の利益となります。つまり、限界利益の段階で利益率が高くても、社内加工費が極端に大きい場合は粗利レベルで赤字になることもあり得るのです。その反対に、限界利益は低くとも社内加工費がほとんどない商品であれば、利益を出すことも可能です。したがって、商品群の利益分析は粗利分析が不可欠ということになります。

　ただし、ここでみた分析はあくまでも一般的なものです。第五章の原価計算で詳述しますが、戦略的な意思決定によって限界利益を意図的に

---

[3]　ここでの限界利益は売上高から変動費を差し引いたものとします。また、粗利とは、限界利益から社内加工費を差し引いたものとします。また、限界利益分析については、第五章原価計算の導入で詳述しています。

第三章　経営戦略の立て方

低くすることもあり得ます。したがって戦略的な一部の商品の粗利がマイナスであっても問題ありません。

　社内加工費は、厳密に言えば原価計算が必要になりますが、戦略策定においては、簡易的な加工費集計で十分です。簡易的な加工費集計の方法は、次の三つのステップで行います。第一ステップは、製造部門の作業日報を一週間程度作成することです。大まかな商品群ごとの作業時間や、段取り時間、休憩時間や手待ち時間などを記入してもらいます。第二ステップは、作業日報の集計作業です。製造現場から上がってきた作業日報を、商品群ごとに集計していきます。第三ステップは、加工レート*4の計算です。製造部門全体の作業時間（実作業時間＋段取り時間）を集計し分母にします。分子は経理が集計している、「労務費」＋「製造経費」です。分子／分母で出てきた数字が単位時間当たりの加工レートとなります。この加工レートを1分あたりに細分化してステップ②で算出しておいた商品群ごとの作業時間に掛け合わせて加工費を算出します。

　上記の分析の結果、売上構成が最も高い商品群の利益率が意外と低いことや、伸び盛りの商品群の利益率が高いということが見えてきます。つまり、いわゆる「金のなる木」や「負け犬」が明らかになり、プロダクトポートフォリオマネジメントが出来るようになります。この分析結果を戦略策定に反映させることで、実績に裏打ちされた戦略が描けるようになるのです。例えば、粗利の出ていない商品群の販売戦略の練り直しや価格戦略の見直しなどが検討されます。また、製造部門の工程改善などのコスト対策も俎上に上ります。また、今は儲かっていないけれども、将来成長が見込める商品群に育てるという意思決定にも使えます。つまり、数字に裏打ちされた戦略策定が可能になるということです。

---

*4　加工レートは賃率ではありません。本書独自の指標です。

製品名称		A	B	C	D	E
変動費	材料費					
	包装資材費					
変動費計						
限界利益						
(限界利益率)						
固定費	労務費					
	その他経費					
固定費計						
製造原価計						
販売価格						
粗利額						
(粗利率)						

図3-4　製品別利益分析表

図3-5　プロダクトポートフォリオマネジメント

第三章　経営戦略の立て方

コラム3

フーテックサービス
株式会社
代表取締役　今直樹氏

　私が税理士会札幌北支部主催の第一回創業塾を受講し、洋菓子メーカーから独立をしたのは2013年4月のことでした。藤本さんには、創業塾の時からお世話になり、食品コンサルタントとして開業してから現在まで顧問税理士としてお世話になっています。

　私は食品を製造する企業ばかり3社経験しています。最初は水産加工、次に青果加工、そして菓子製造です。非常に運のよいことに、この3社とも北海道の中小企業としては大変進んだ考え方で経営をしている企業でした。私は、管理会計という言葉を知らないまま管理会計を実務で実践していたことが、この管理会計勉強会に参加して初めてわかったのです。

　中小企業ではありましたが、作業日報を毎日パソコンに入力し、データを分析して原価計算や在庫管理、発注管理、予算の作成等を行っていました。いま思えば、転勤のある大企業と同じような感覚で、自分の身に何があってもいいように、引き継ぎをすることを念頭に置いた仕事をしていたような気がします（決して転職ありきで入社したわけではありません）。

　食品工場コンサルタントとして独立し、この管理会計勉強会に参加したあとは、これまで独学で実践してきたことを、学術的な裏付けによって、より理解を深めることが出来たと思います。食品の新商品開発の支援を行うときには、3C分析、SWOT分析等は非常に役に立ちます。また、商品の価格を決めるためには原価計算が非常に重要です。

　食品工場を運営していく上で必要なデータは企業によっても違うかも

しれませんが、まず作業時間と製造数量は必須だと思います。何人で、何を、何個、何分で作ったのか？　せめてこれくらいは日々記録したいと思います。標準（平均）作業時間がわかれば、当然原価計算に役立ちますし、製造計画を立てる際の必要人数の割り出しや、残業予測などにも非常に役にたちます。

　これまでデータを入力していない企業にとっては、非常に面倒な作業で、作業員の熟練度によって作業スピードが違うからデータを取る意味がない、などと言われることがあります。しかし、データを取らないと実際にどのくらいスピードが違うのかはっきりしません。もし、手の速い人がデータによって明確になれば、先輩後輩関係なく、その人のやり方を手本にして、全体のスピードアップをはかれるかもしれません。時として、加工場の中では、先輩後輩の人間関係が悪影響を及ぼすことがありますが、実際の数字としてデータを出されたら、文句は言えません。もしかすると、若い新人さんでも速い人が居るかも知れません。

　今後も、この管理会計勉強会で学んだことを、コンサルタントとして多くの中小企業に伝えていきたいと思います。この本は、管理会計実務のバイブルとして非常に役立つと確信しております。

第四章　売上管理

理論編

1．売上管理の重要性

　売上は、企業が、本業を通じて顧客から得た収益となります。売上を獲得することで、初めて、当該企業が生み出した価値が実現したと言えるでしょう。したがって、売上は、顧客からの評価そのものとなります。売上が得られないということは、その事業を継続する意味がないということを突き付けられているのと同義です。要するに、売上の獲得は、企業が存続していくうえで、何よりも重要であるということになります。

　このように、売上は、それだけ重要なものとなりますから、第一章で述べた業績管理会計の観点から、基本的に企業は、売上の目標を定めて、その目標を達成するための管理活動を行うことが求められます。何の目標も立てることなく、ただ成り行きで売上を獲得していくということよりも、目標を立てて、日々の売上獲得のための取り組みを着実に遂行していくことが有益であることは疑いのないことでしょう。

　年間の売上目標を作成し、季節性をはじめとする需要変動も織り込みながら月間の売上目標に落とし込み、必要であれば、さらにそれを週次、日次などに落とし込みながら、それらの目標が着実に達成されているのか、万一、目標が未達の場合、その原因はどこにあり、その状況を改善するためにはどのような対策をとる必要があるのか、こういった点について迅速に検討し、新たな取り組みに反映させるといったことが必要となります。

そのためにも、企業は、売上の獲得について、できる限り詳細に情報を把握することに努めなければなりません。詳細な情報というのは、単なる総額ではなく、いくつかの管理上有益な視点で区分された情報ということです。

２．売上の区分管理の重要性

　まず、売上は、顧客から得られるものですから、顧客別の売上というものに注目して管理を行っていくことが有益となります。一般に簿記の学習を通じて、売上帳や得意先元帳といった補助簿を作成することが推奨されます。顧客別の売上を知ろうとするとき、売上帳や得意先元帳が役立つことになります。このような補助簿を丁寧に記録しておくことは、実は経営管理の活動に役立つわけです。

　また、売上は、企業の販売する商品・製品、サービス等の提供の対価として得られるものですから、商品・製品、サービスごとの売上に関する情報なども有益です。この場合、管理会計用の情報として、商品・製品、サービスごとの売上を正確に把握する必要が出てきます。

　さらに、販売担当部署別、担当者別、といった販売部門内での業績管理を行うことも必要となります。販売の各部門や各担当者という責任単位での情報があることにより、具体的な改善行動を検討する際に役立つからです。どの部門やどの担当者が、どの程度の売上の責任を負っているのかという点に配慮した情報を、売上獲得の実現のために、うまく活用すべきです。

　そして、これらの情報をさらに組み合わせることで、より精緻な分析やマーケティング活動が実現します。例えば、担当者別、製品別、顧客別という区分を、すべて組み合わせたような管理会計情報に基づくことで、売上目標の未達の原因などが明らかになってくるものと思われま

第四章　売上管理

す。このような売上管理の実践を、まずは目指していく必要があります。

実務編

1. 売上管理の方法と売上予算の立て方

　中小企業において最初に見える化を行う必要があるのが売上です。なぜなら、売上は企業収益の第一の源泉であり、顧客との接点であるからです。

　まず、最も基本的な売上管理からみていきたいと思います。それは、「一日に何が、何個、売れたか」を記録していくことです。店舗ではレジで一日の売上内容を把握できます。しかし、それを、一覧表にまとめて管理している会社は意外と少数なのです。私のお客さまの店舗では、毎日のレジ集計表をエクセルに落とし込んで一日ごとの売上明細を作成しています。それを一カ月単位で集計し、月一回の店舗ミーティングで確認しています。

　実際の正確な数字をみると新たな発見があるものです。例えば、目立たない商品が売れている事実や、毎月一定の需要がある商品の存在などにも気がつきます。そして、時には新商品のアイデアやイベントの企画に発展することもあります。ただ、数字を確認するだけのように思われるかもしれませんが、継続することで、新たな発見や次のアイデアが生まれることがあるのです。

　また、一日ごとの売上数字をグラフ化して目標との乖離も確認しています。月初、中旬、月末の売上の趨勢などがビジュアルで確認でき、各自の振り返りや今後の予測などに活用できます。店舗ミーティングはそれらの基本的でシンプルな数字を見るだけでも効果が出てくるものです。

51

販売個数		木	金	土	日	月	火	水
商品名	売価(税込)	1	2	3	4	5	6	7
	162	7	10	15	24	12	17	16
	108	8	8	15	16	12	1	6
	108	7	11	14	24	15	1	9
	54	10	27	24	56	14	20	21
	54	14	12	17	38	14	19	14
	270	16	50	45	59	46	28	55
	162	24	43	43	83	37	32	34
	378	11	11	13	18	9	9	11
	378	14	22	18	40	24	32	30

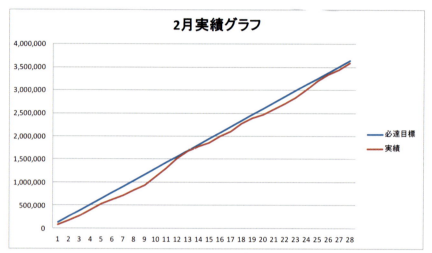

図4-1　売上進捗管理表

　次に、見える化のレベルを一歩進めて予算管理まで見ていきたいと思います。

　予算とは、通常、1年スパンでたてる計画のことをいいます。売上予算は一年間の売上計画のことをいいます。売上計画は、ビジネスの形態によって様々ですが、ここでは一般的なケースでみていきたいと思います。まず、販売チャネルごとの「得意先別商品別の売上」を見積もることからスタートします。例えば、卸売りチャネルのA商事向けのP商品の来期一年間の売上予測をたてるということです。また、一年間の売上を予測するためには、12カ月分の月別売上予測が必要となります。月

ごとの販売チャネルごとの得意先別商品別売上予測が出そろって初め
て、年間の売上予算が作成できます。年間売上予測を作ってから月別に
落とす方法もよくとられますが、中小企業の場合は、月別の変動要素が
多く、また比較的得意先数も限られていることもあり、本書では、月別
のデータから積み上げる方法を推奨します。

　このように見ていくと、予算をたてるには、まず、実績データが必要
ということがわかります。実績データがないところで、チャネル別の得
意先別商品別の売上予測を立てることはまず不可能です。まして、月別
となるとなおさらです。実績の売上数字を確認しながら、来期の販売戦
略と照らし合わせて、それぞれの売上予測をたてていくのです。

　例えば、卸売りチャネルのＡ商事に販売するＰという商品の売上予測
は、まず、昨年実績を詳細に分析することから始めます。昨年の実績は
どのような行動に基づいて作られたのか？　を営業マンそれぞれが回想し
ます。自分の提案から売上を作れたのか？　お客様の方から注文があっ
たのか？　足繁く訪問した結果の注文だったのか？　などを振り返りつ
つ、実績の獲得ストーリーを自分の頭の中に蘇らせます。

　また、得意先別商品別に見ていくことで、多くの得意先で同じような
商品が売れているにもかかわらず、Ｂ社には売れていないというケース
も浮かびあがってきます。その場合には「なぜＢ社にだけ売れていない
のか？」を分析することになります。Ｂ社への訪問回数が少なかったの
か？　提案が受け入れられなかったのか？　また、その理由は何か？
などなど。

　次に、来期の売上予算にとりかかります。昨年のストーリーを基に、
来期の売上を作る作戦（ストーリー）を作り込んでいきます。例えば、
商品のサンプル数を増やしたり、紹介時期を前倒しにすることで売上を
作る計画を立てます。

このような細かなステップを踏むことによって得られる効果は二つあります。まず、一つ目は、精度の高い売上予算が作れるということです。もう一つは、予算と実績を比較する際に、「なぜ、計画通り売上が作れなかったのか？」という問いに対する答えが明確になるということです。例えば、上記のA商事のP商品の場合では、プロモーション活動が弱かったとか、競合他社が価格競争をしかけてきたとかという具合に説明することができます。なぜなら、予算を作る際に、具体的なアクションプラン（行動計画）にまで落とし込んで作成しているからです。

つまり、予算を作る際に実績を詳細に分析した後に、ストーリーをたてて販売予測をたてていることで、情報の集積度が格段に高くなっているのです。この結果、営業マンの頭の中に情報が整理されて蓄積され、「何を聞いても答えられる」状態になるのです。逆に、このような細分化を行わないで予算策定をした場合には、「何を聞いても答えられない」状況になり会話がストップしてしまうのです。実際に、営業会議でこのような場面に遭遇することはよくあることです。

実績データを作るためには、経理部門での集計作業が別途必要になります。第一章でも触れたように、中小企業においては、会計データが主要データというケースがほとんどだからです。会計データから地道に得意先別商品別売上を拾いあげていくことになります。具体的には、得意先別に売上を管理している会計ソフトであればその一覧を出し、次に、得意先ごとに商品別の売上を拾いあげるという作業になります。商品別売上の拾いあげは売上伝票または送り状を集計することで作っていきます。会社によっては、請求書作成システムやレジに連動して得意先別商品別売上をデータとして持っているところもあります。

いずれにせよ、売上予算用の実績データを作ることはかなりの作業量を要します。この作業量の壁を突破して精度の高い売上予算を作る、という意思がなければ先に進むことができません。予算管理は売上予算だ

第四章　売上管理

けでなく全ての項目で実績データの拾い上げという作業が待ち構えています。「壁を突破するぞ！」という社長の強い意志によって前進していただきたいと思います。この作業量を軽減する方法は、システム化しかありません。しかし、市販のソフトで「得意先別商品別」のマトリクス表が出るものは今のところお目にかかったことはありません。となれば、社内での手作業が必須となります。

　しかし、このステップを経れば、営業部門の情報量が飛躍的に高まり質の高い営業活動が行えます。結果として、売上増に結び付くことになります。

2．営業会議によるPDCAサイクル

　予算管理の目的は、計画を立案し、それを実行し、計画との差異を検証し、対策を打って実行する、というサイクルを回すことで当初計画を実現していくことにあります。このサイクルを計画（Plan）→実行（Do）→検証（Check）→対策（Action）の頭文字をとってPDCAサイクルと呼びます。

　営業予算のPDCAサイクル[5]を回すために営業会議を開催します。その際には、予算で作った「得意先別商品別販売予算」と実績データである「得意先別商品別販売実績」を各自に配布し、それを比較しながら、営業マンから発表してもらうというスタイルをとります。資料を見ればどの顧客のどの商品が予算をクリアしているか否かが一目でわかります。営業マンは差異の大きな項目を重点的に検証してその原因を報告します。

　その報告を聞いている社長や幹部または他の社員は、疑問点があれば

───────────

[5]　PDCAサイクルを効果的に回すコツは、第七章の予算管理で詳述しています。

NO	得意先名	新聞	伝票	封筒	名刺	ページ物	パンフレット	チラシ	ポスター	表紙製本	のし紙	端物	用紙
1													7,280
2													11,200
3		267,300											
4						123,500							
5													29,760
6				12,000									
7		170,000											
8										30,000			3,200
9				11,730								3,150	
10												24,000	
11				15,000									
12				51,700									
13												10,000	
14		50,400				148,000				12,356			
15		22,200											
16				25,000									
17													
18													
19			19,200										
20					9,000								
21			38,000							14,000			600
22				25,000				41,300					
23								35,400					
24				17,500									
25			14,000										
26				10,500	5,000								
27				35,400									
28				12,000									
29				12,900									
30													

図4-2　得意先別商品別売上管理表

その都度質問をします。そこでの会話のキャッチボールがコミュニケーションとなります。一方的な報告だけではコミュニケーションが成り立ちません。報告→質問→返答というキャッチボールを数多くこなすことで、実態が解明されていくのです。

　例えば、営業マンが顧客の隠れた要望を聞き出して売上を作ったというケースがあります。顧客の隠れたニーズを聞き出せた背景には、顧客との信頼関係がベースとしてあり、顧客の業務内容を知っていたからこそ的確な質問や提案ができたことなどが浮かびあがってきます。結果として、売上増加の真の要因は「顧客の業務内容を知っていたこと」という事実が浮かび上がってくるのです。これらの事実は、「なぜそれが出来たのか？」という素朴な疑問を営業マンに投げかけることを繰り返すことで出てきた事実なのです。その事実は他の営業マンに共有され、明日からの営業活動にフィードバックすることが可能になります。

　一方で、報告→質問→返答というサイクルが回らないケースもあります。営業マンが質問に答えられないケースです。こういうケースでは多くの場合、営業マンの行動に問題があります。詳細な予算を作りあげて

第四章　売上管理

も、実際に行動に移さなければ結果は出ません。あるいは、たまたま売上が作られたということもあります。そのような行動の問題も、PDCAサイクルを回す会議の場で質問をするだけで露見します。

　ところで、営業マンの日々の活動に問題があった場合、一つ注意点があります。それは「すぐに叱らない」ということです。例えば、顧客訪問をしていなかった場合なら、「なぜ、訪問しなかったのか？」という冷静な質問をします。行動しない背景にはかならず理由があるからです。その理由を聞いて、可能な限り本当の原因を突き止めるようにします。なぜなら、真の原因を探り当てるまでは、何を言っても営業マンの心に響かず無駄な時間が過ぎてゆくだけだからです。営業マンの気持ちを見える化すること、これを根気強くやっていくしかありません。

　このように、一つの数字の背景には多くの見えない真実が隠されていることがわかります。しかし、出発点は細分化された数字なのです。「A商事のPという商品が予算より売れた」という数字が明らかになったからこそ、先述のような会話のキャッチボールが開始されたのです。もし、部門全体の売上しかなければ、上記のような会話はまず生まれないでしょう。また、質問に対する返答を聞いているだけで、営業マンの日々の活動実態が手に取るようにわかります。ここに、予算管理の真の意味があるのです。管理会計は優れたコミュニケーションツールである、ということが先述の例でご理解いただけたのではないでしょうか？

57

**コラム４
売上予算・PDCAサイクルなき営
業は羅針盤を持たない航海だ！**

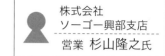
株式会社
ソーゴー興部支店
営業 杉山隆之氏

　私が勤務する会社は地元に密着した印刷会社です。創業から80年を超える老舗企業でもあります。ですがそんな老舗企業といえども安泰であるとは限りません。私がこの会社に営業職として採用され勤務を開始したのは平成28年9月のことでしたが、面接時には経営再建中であることを聞かされていました。そういった理由で一抹の不安を抱えていた時に出会ったのが、この書籍の執筆者でもある藤本さんでした。

　最初の出会いは会社にて月末に行われる営業会議においてです。その会議で藤本さんが強調されていた「数字の裏に隠れている多くの真実」という概念に私自身多大な感銘を受けました。一見無機質にしか思えない数字というものが、背後には実に多様で、あたかも雄弁に語る先導者のごとき側面を含んでいるという事実です。以下、そのことに関して詳しく述べたいと思います。

　現在の印刷業界が抱えている慢性的な不況は例外なく当社にも当てはまり、売上を上げることが至上命題の中、藤本さんより教授された「売上を見える化し、実績データを元に自身の作戦を盛り込んだ売上予測をできるだけ精度の高い状態に仕上げる」という計画は、言い換えれば何となくわかっている、できているという思い込みを打破し、地に足がついた営業活動を行うということに他なりません。なぜなら、顧客を相手とする営業職は感情的な部分を重視して客観的な部分から目を反らすことがあるからです。

　最終的な数字は同等だとしても、数字をよく精査することにより、たまたま仕事をとれたもの、スポットで偶発的に舞い込んできた仕事な

ど、ここで今後の対応を疎かにすると次につながらない仕事になる危険性があることに気づかされることがあります。そういった意味で、売上予算における数字の高い精査は必要不可欠なことだと強く認識するに至りました。

　また、予算を立ててもそれを実行しなければ、まさしく「絵に描いた餅」になってしまいます。そして実行こそが営業職の醍醐味でもあります。そこで予算に基づく営業活動を行うためのサイクルとして、計画 Plan →実行 Do →検証 Check →対策 Action の PDCA サイクルがあり、それを回すために営業会議があります。ここにおいても「数字の裏に隠れている多くの真実」が重要になってきます。

　例として「今月の A 社の伝票受注が無いのは時期ずれです。以上です」これは本当でしょうか。過去のデータを再度検証してみると、毎年ほぼ同じ時期に同じ量の受注があったということがわかりました。精査することを怠っていたのは言うに及ばず、実は事前に声かけをしていれば受注を受けていた可能性があったのです。これこそ数字が雄弁に語る例ではないでしょうか。営業会議においても上記の事例の他、PDCA サイクルの有効活用が営業間の情報共有を一層深めることにつながっています。

　最後に、営業職はよく「結果数字がすべて」と言われます。それはある意味真実です。しかしながら、藤本さんの言われる「数字の裏に隠れている多くの真実」に真摯に目を向けるならば、それは単なる基礎的な数字ではなく、大げさに言えば自身の良きパートナーとも言える重要なツールとしての数字だという確信に至ります。これからも当社の挑戦は続きます。藤本さんの御指導を信じて、今まで以上に精進していきたいと思う次第です。

第五章　原価計算の導入

理論編

1. 原価管理とは

　原価管理とは、コストを節約していくための管理手法のことを言います。原価管理を実践するためには、原価が把握される仕組み、すなわち「原価計算」が導入されていなければなりません。原価計算とは、端的に言えば、製品の単位原価を算定する方法のことを言います。原価がわからなければ、どの製品の原価をどの程度節約できるのかということについて、議論することが難しくなります。原価がわかることで、原価管理の取り組みの成果が可視化されるようになるわけです。また、単位原価がわかることで、製品別の利益も把握できるようになり、どの製品がどの程度儲かっているのかということもわかるようになります。このように、原価計算を導入することには大きな意義があるのです。

2. 中小企業への原価計算導入のハードル

　先述の通り原価計算の導入には意義が認められるのですが、残念ながら多くの中小企業において原価計算は導入できていません。いろいろな理由がありますが、主な理由の一つは、原価関連情報の収集処理能力に限界があるということが挙げられます。原価計算を行うためには、材料費、労務費（人件費）、経費に分類された詳細な原価の記録が必要とされます。ここで、労務費に注目してみましょう。労務費の算定には、実際の賃率（時間当たり労務費）と、従業員の作業時間に関するデータが必要とされます。特に後者の、作業時間のデータ、すなわち、どの従業員が、どの製品製造に、どの程度の時間を費やしたのかに関するデータ

は、従業員が記録して提出する「作業日報」などから収集することになりますから、作業日報の完備が労務費計算の必須の条件となります。

しかし、中小企業の工場現場において精度の高い作業日報が完備されているケースは必ずしも多くありません。仮に、作業日報を一から導入するとなると、現場作業員の方々の理解と協力が必要になります。加えて、作業日報等からのデータを収集して、計算し、原価としてまとめ上げるためには、そのデータの処理を行う原価計算の専門担当者が必要となります。しかし、中小企業ではこの人員を配備する余力がない場合が多く、正確な原価を把握することができないことがあるのです。

それでもやはり、正確な原価データは入手できるに越したことはありません。原価計算はメーカー（製造業）であれば、やはり導入すべきです。多くの中小企業には、まずは簡易な計算方法からでも構いませんので、製品原価を把握できるような仕組みの構築を目指してほしいと思います。

３．実際原価と標準原価

製品製造のために実際に費やされた原価のことを実際原価と呼びます。実際原価を把握するためには、材料費、労務費、経費のすべての項目について、仕入単価や製品ごとの材料消費量、賃率と製品ごとの作業時間などの詳細なデータが求められます。とはいえ、このような実際原価の算定のためのデータを網羅的に記録、収集して、計算手続きに落とし込んでいくことは、中小企業にとってハードルが高いことかもしれません。

そこで、まずは簡単な見積原価を算定するところから入ることも一つの考え方としてはあり得ます。例えば、材料費について考えてみましょう。一般に、多数の製品に、多数の材料が用いられており、各種の材料

の仕入と工場内での消費に関する網羅的な記録を収集する仕組みの整備には時間と手間がかかります。したがって、差しあたって一定期間の仕入単価を基にした見積単価（これを予定価格と呼びます）と、簡単な製造工程の調査結果などを基にした見積消費量（これを標準消費量と呼びます）に基づく見積原価を算定してみるというものです。このような見積原価を標準原価と呼ぶこともあります。もちろん、この標準原価の算定には、本来、詳細な調査に基づいた精度の高さが求められます。しかし、はじめから完璧を求めることには限界もあります。たとえ実際原価との間に乖離が生じたとしても、はじめはそれでも仕方ありません。繰り返し原価の見積りをしていくことにより、見積りの精度も上がっていくことでしょう。

　労務費の構成要素である作業時間のデータなどについても、一定期間に限って、ある特定の製品の作業時間を把握することによって、当該製品の標準的な作業時間を設定するという方法もあります。これらは、できるだけデータ収集の負担を軽減しながら、原価の算定を行えるようにするための工夫です。長い時間をかけて、段階的に、調査データの範囲（データの収集期間と対象とする製品など）を拡大し、原価計算の精度を高めていけばよいのです。

４．製造間接費の処理

　原価計算を難しくしている理由の一つに、製造間接費の存在が挙げられます。製造間接費（間接費）とは、製造直接費（直接費）の対概念です。製造直接費とは、どの製品のために発生した原価であるかがすぐにわかる原価のことを言います。一方、製造間接費とは、どの製品のために発生した原価であるかがすぐにはわからない原価のことを言います。

　具体的に考えてみましょう。多くの材料費は直接費になります。材料は、どの製品にどれだけ使用しているか見てすぐにわかりますから、直

接費となります。しかし、例えば、経費の代表格ともいえる工場建物の減価償却費などはどうでしょうか。工場の中では多数の製品を製造しています。工場建物の減価償却費はどの製品にどれだけ割り当てるべき原価であるか、すぐには見当がつきません。そういう原価を間接費といいます。

　ここまでの説明で明らかなように、直接費の原価の計算というのは極めて単純です。発生した原価を、跡付け可能な製品にそのまま負担させればよいだけです。しかし、間接費は、そういうわけにはいきません。したがって、各製品に割り当てるための計算手続きを用意する必要があります。これを「配賦」と呼びます。間接費には配賦の手続きが必要となるので、原価計算が大変になるわけです。

　配賦を行うためには、間接費を製品に割り当てるための基準を、人為的に設ける必要があります。この基準のことを「配賦基準」と呼びます。配賦基準には直接作業時間、機械運転時間などが使われますが、間接費を各製品に割り当てるうえで、製造プロセスの実態に見合う配賦基準を選択する必要があります。また、製造プロセスの実態に見合うように製造間接費の割り当てをするために、部門別計算と呼ばれる手続きがとられることもあります。これは、部門ごとに間接費を集計して、部門の特徴に応じて配賦基準を設定すれば、より実態に合った配賦ができるという考え方によるものです。

　あるいは、比較的新しい製造間接費の配賦の方法として、ABC（Activity Based Costing：活動基準原価計算）と呼ばれる手法もあります。これは、間接費を工場内にみられる「活動」ごとに間接費を集計して、この活動ごとに割り当て基準を設けることで、より細かく間接費を捉えて、配賦計算の歪みをできるだけ小さくしようとする計算方法です。もちろん、間接費の配賦計算は、より実態に見合うものとなりますが、かかる手間も膨大なものとなりますので、導入するか否かについて

は、慎重な検討が必要となります。

　いずれにせよ、製品原価を算定するためには、間接費の配賦は避けることができません。どうしても必要な計算手続きとなります。しかし、この間接費の計算の存在が原価計算の難しさの原因となっているのです。配賦計算は、とどのつまり、計算や情報収集にかかる手間という制約条件のもとで、製造プロセスの実態を考慮に入れたとき、このように割り当て計算をすればおおむね妥当であろうと人為的に設計された仮想的な計算プロセスになります。その意味で、間接費の計算は、常に原価の歪みをもたらす原因となっており、いかに精緻に原価を計算しようとしても、間接費の配賦にはこれが唯一の正解というものはありません。その意味で、完全に正確な原価というものは算定できないということを理解しておく必要があります。

5．全部原価と部分原価

　すべての原価を計算することが負担となる場合は、まず一部の原価だけに注目して原価計算をしていくということも一つの考え方です。管理会計上の原価計算は、目的に応じて、どのような方法もとることができます。特に、簡単な利益管理を目的に原価計算を行う場合、直接原価計算と呼ばれる部分原価計算を採用することが有益です。直接原価計算とは、原価のなかでも「変動費」と呼ばれる、操業度（販売量・生産量等）の変化に応じて比例的に変動する原価のみに注目した原価計算のことを言います。なお、操業度が変化しても一定額発生し続ける原価のことを固定費と呼びます。通常は、変動費と固定費の両者を区別せずにすべての原価から製品原価を算定するわけですが、直接原価計算では、変動費のみという一部の原価にだけ注目しているため、部分原価計算と呼ばれます。

　各種の現場に応じて厳密に分類していけば、変動費にも様々な費目が

第五章　原価計算の導入

ありますが、代表的かつ典型的な変動費に、材料費があります。そこで、ここではごく単純に、材料費のみを変動費と考えることにしましょう。そうすると、原価計算が非常に単純なものとなります。材料費以外の労務費や経費の費目は固定費として、会計期間に発生した全額を、そのまま費用として計上します。

　ここで、直接原価計算において重要な利益概念があります。直接原価計算では、売上高から変動費である材料費を差し引いた残額を利益として考えることになりますが、この利益のことを「限界利益」と呼びます。変動費は、売上高が増加すればそれに応じて増加しますので、限界利益も売上高が増加すればそれに応じて増加します。つまり、売上高が10％増加すれば、変動費も10％増加して、限界利益も10％増加します。限界利益概念は、売上の変化に応じた利益の変化についてシミュレーションしようとしたとき、頭の中で暗算ができてしまうほど平易で、経営者にとって非常に便利なものです。

　そして、限界利益から固定費を差し引くと、通常の営業利益になります。固定費は常に一定額発生しているコストですから、ほとんどの経営者が、当社の固定費の総額がいくらであるか暗記しています。よって、固定費の金額を限界利益が上回れば営業利益が黒字となり、下回れば赤字となるという、とてもシンプルな判断ができるようになります。これにより、利益を増やすためには、①売上に占める限界利益の金額（これを限界利益率と呼びます）を高める（そのためには、変動費のコストダウンや、同じ変動費水準でも高値で売れるような努力などが必要です）、②とにかくたくさん売る（いわゆる薄利多売のように、たとえ限界利益率が低くても、量を売れば多額の利益が獲得可能となります）、あるいは、③固定費の削減（固定費が削減されれば、少ない限界利益でも営業利益の黒字化が可能になります）などの方策が考えられます。これらの方策を考えるうえでも、直接原価計算の考え方は有益となります。

65

なお、厳密にいえば、直接原価に基づく営業利益と、全部原価に基づく営業利益との間には、若干ズレが生じます。それは、直接原価計算では固定費をすべて期間費用として計上している一方で、全部原価計算では固定費の一部が製品原価に含まれるため販売された製品に含まれる固定費のみが損益計算に計上されるものの、売れ残った製品に含まれる固定費は棚卸資産として貸借対照表に計上されて損益計算には計上されないからです。棚卸資産に含まれる固定費は、次期に当該製品が販売されたときに売上原価として損益計算に計上されます。財務会計目的の原価計算としては、棚卸資産の適正な評価を行うために全部原価計算に依拠することが求められていますが、管理会計上は直接原価計算の方が導入しやすく、理解もしやすく、利益管理にも活用しやすいため、特に中小企業などにおいては、まずこの方法を用いることが推奨されます。

実務編

１．原価計算の意義

　原価計算は企業活動においてなくてはならないものです。特に製造業においては極めて重要な管理会計手法と言えるでしょう。その理由は原価計算の目的にあります。原価計算の目的はさまざまですが、ここでは中小企業の経営にとって最も効果のある目的として次の３点を挙げたいと思います。

　　①自社で生産した商品の原価を明らかにして、一つ一つの商品がいくら稼いでいるのかを「見える化」すること
　　②新しく売り出す商品を、いくらで売れば利益がでるのか、またはいくらで作れば利益が出るのかを明らかにすること
　　③生産現場を「見える化」して原価を下げる活動を定着させること

　まず①ですが、先に粗利分析の重要性について触れたと思います

が*6、商品の原価がいくらなのかがわからなければ、その商品がいくら稼いでいるのかが見えません。最悪のケースでは、稼いでいると思っていた商品が実は赤字だったということもあり得ます。このようなケースでは経営の屋台骨を揺るがしかねません。したがって、原価計算によって原価を明らかにし、儲けを「見える化」することが重要となってきます。

　次に②ですが、これは自社で生産する商品の値付けをするということです。値付けの方法は大きく分けて二つあります。一つは市場価格に合わせるというものです。同じような商品が市場に出回っている場合、自社もそれを基準にせざるを得ません。同じような機能の商品が並んでいて、自社だけ価格が高い場合を想像してみてください。自社の商品はおそらく売れ残ってしまうでしょう。このような場合は、市場価格で販売しても利益が出るような原価にすることが必要となります。つまり、いくらで作れば利益が出るかを明らかにすることです。そして、原価計算の手法を用いて、どこをどれだけコストダウンするかを検討することになります。

　もう一つは、自社独自の商品を開発した場合の値付けです。この場合は、市場に出回っている商品の価格に無理に合わせる必要はありません。自社商品の強みをアピールすることで、価格決定権を自社が握ることが可能です。通常、このようなケースにおいては自社の製造コストに販売管理費と利益を上乗せして販売価格を決めることになります。その際に、原価計算を利用することになります。

　最後に③です。①で自社商品が儲かっているかどうかがわかりますが、もし、儲かっていない商品が明らかになったとすれば、まず、儲かる水準まで原価を下げる努力をしなければなりません。また、②の場合

---

*6　第三章3．自社分析のための見える化参照。

は、競合があるケースでは市場価格に近付ける努力が不可欠ですし、独自商品であっても、継続して原価を維持または下げることが重要であることは言うまでもありません。なぜなら、いずれ競合他社が市場に参入してきて、自社のコストに追いついてくることが予想されるからです。そのような場合には、原価計算で得られる情報を基に、生産現場の諸活動にまで落とし込んで、組織的にコストを下げる活動を行うことになります。

　以上のことを会計的に言い換えれば、会社にとって一番重要な利益の指標である「売上」と「売上原価」の二つをコントロールする手法である、ということです。「売上」は分解すれば、売上単価×数量です。この売上単価を決めるものの主要な一つが原価計算となります。また、売上原価は一つ一つの商品の原価の和です。一つ一つの原価はまさに原価計算の結果です。「売上」−「売上原価」＝売上総利益となり、会社の利益の大部分を占めることになります。このように会社の利益を直接的に左右するものが原価計算ということになります。

　ところが、中小企業においては、いわゆる伝統的な原価計算を導入することには大きなハードルがあるように感じています。その理由は、「手間がかかりすぎる」ということに集約できます。また、世の中に出回っている多くの原価計算の教科書はとても複雑で難解かつ大部であり、およそ実務的とは言い難いのです。

　では、中小企業では原価計算をやっていないのか？　と言えばそうではありません。それぞれ企業独自のやり方で原価計算をやっています。しかし、その場合の多くは、原価計算の全体像（計算構造）が見えていないために、必要な原価を集計しきれていません。つまり、販売価格を必要以上に下げてしまっている可能性があるのです。しかも、創業以来ずっと……。考えてみれば恐ろしいことですが、これが現実なのです。

第五章　原価計算の導入

　本書は、難解で複雑な原価計算の中から、中小企業にとって最も効果的な手法を選び出し、かつ単純化して解説します。複雑なものを単純にしたからと言って必ずしも正しさが損なわれるわけではありません。大局的な整合性を損なわない程度の単純化をした方が、中小企業にとって有益と考えるからです。たとえて言えば、難解なジグソーパズルのピース数を減らした（難易度を下げた）からといって、全体の絵柄が変わるわけではありません。ピース一つ一つの面積は大きくなりますが、その分、簡単に全体像を手に入れることができます。本書の目的はあくまでも正しい絵柄、つまり、「一つも欠けた部分のない絵柄」を簡単に手に入れることなのです。簡単に全体像を手に入れたあとに、ある部分を精緻化していくことは可能です。企業の習熟度合に応じて精緻化していくことをお薦めします。

２．原価計算の計算構造

　原価計算の目的は先に見てきたとおりです。では、原価計算とはどういう計算構造を持っているのでしょうか？　ここでは、その計算構造を明らかにしていきたいと思います。

　原価計算の計算構造を本書的に簡潔に定義すると次のようになります。

　　　定義：「工場部門全体でかかった費用を一つ一つの商品に紐付けすること」

　エッセンスを取り出して一言で言えばこのようになります。言い換えれば、「工場全体でかかった費用をまんべんなく一つ一つの商品に背負わせること」と言ってもいいでしょう。一つ一つの商品は背負った費用をお客様に買っていただくことで回収している、ということになります。

　図解すれば次頁のようなイメージです。

69

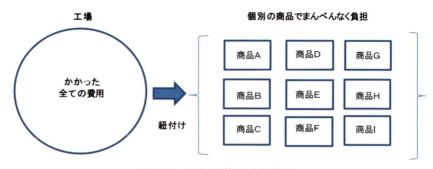

図5-1　原価計算の計算構造

　工場でかかった費用は、決算書の製造原価明細書を見ればわかります。*7 そこには、大きく三つの費用分類が書かれています。上から「材料費」、「労務費」、「経費」です。つまり、これらの三つの区分の費用をそれぞれのやり方で個別の商品に紐付けしていくことが原価計算の第一ステップとなります。

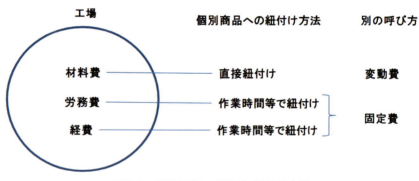

図5-2　製造原価の種類と紐付け方法

　図5-2のように、材料費はその商品を生産するために買った原材料費等が紐付けされます。かかった原材料費はすべて一つ一つの商品にきっちり紐付けすることが可能です。労務費については、その商品を生産す

---

*7　製造原価明細書が作られていない会社も存在します。

るために費やした作業時間で紐付けします。作業時間については、作業日報をつけることで商品ごとに紐付けすることが可能です（作業日報の具体的活用方法は後で詳述します）。なお、経費についてはその商品を生産するためにいくらかかったかを測ることは困難です。例えば、工場でかかった作業服代などはすべての商品にかかる費用であり、個別の商品に紐付けすることは不可能だからです。そこで、本書では、経費についても、労務費と同様に、その商品を作るために費やした作業時間の割合で紐付けすることとします。[*8]

また、三つの費用は別名で呼ばれることがあります。材料費は「変動費」、労務費と経費は「固定費」と呼ばれます。これについては、後で詳述しますが、原価計算を活用するうえでとても重要な言葉となりますので覚えておいてください。

図5-1、図5-2は計算構造を図解したものですが、原価の構成要素という視点をより強調すると次のように表すことができます。

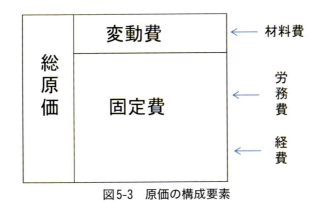

図5-3　原価の構成要素

[*8]　経費については最も単純化した紐付け方法をとっています。経費の紐付け方法の応用編については後ほど触れることにします。

以上、原価計算の計算構造を見てきましたが、まとめると次のように
なります。

　　　ステップ１……決算数値の材料費、労務費、経費を個別商品に紐付
　　　　　　　　　けする
　　　ステップ２……紐付けの方法は、「材料費」は直接、「労務費と経
　　　　　　　　　費」は作業時間等で紐付ける

ということです。[9]

　また、中小企業が陥りやすいミスとして、「経費」の集計漏れがあり
ます。工場部門で発生する費用として労務費はすぐに思い浮かぶのです
が、経費はあまりなじみがないせいか紐付けをし忘れるケースがありま
す。経費も労務費と変わらないボリュームがあることもありますので特
に注意してください。[10]

３．直接原価計算から始めよう

１）直接原価計算の方法

　ここからは、具体的な原価計算の導入手順を見ていきたいと思いま
す。原価計算は先に述べたように、とても手間がかかるものです。手間
がかかる最大の要因は固定費の集計にあります。この固定費の集計を行
うか否かで原価計算の手間は大きく異なってきます。

---

[9]　ステップ１の材料費の紐付けは現実的には決算数値からではなく、個別の商品
　　のレシピ（構成）から行うことになりますが、全体像を理解しやすくするため
　　にこのような表現をとっています。
[10]　一般的には中小企業では機械化が進んでいないうえに、多品種少量生産型の製
　　造ラインが多いので、大企業に比べて労務費が大きくなります。

第五章　原価計算の導入

　原価計算には大きく分けて二つの方法があります。一つは「直接原価計算」と呼ばれるものです。この方法は、固定費の集計を行わず変動費、すなわち材料費等のみを集計する方法で比較的簡単に導入することが可能です。[*11] もう一つは「全部原価計算」というものです。これは、読んで字のごとく固定費も含めた全部を集計する方法です。この方法は複雑な手順を踏む必要があり、中小企業への導入には大きなハードルがあります。しかし、工夫次第でスムースに導入することも可能です。

　二つの原価計算の関係を図で示せば以下のようになります。

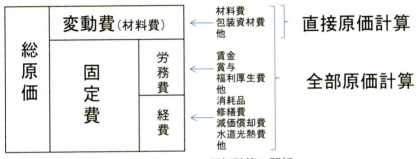

図5-4　二つの原価計算の関係

　ここではまず、直接原価計算の導入方法を見ていきたいと思います。直接原価計算は手間がかからない方法ですので、中小企業において初めて原価計算を導入しようとする場合は、直接原価計算から始めることをお薦めします。直接原価計算を導入した後で全部原価計算に移行するとよいでしょう。直接原価計算から全部原価計算に移行する際にも、図を見れば明らかなように、そもそも直接原価計算は全部原価計算の一部を構成しているため全く無駄になりません。

---

*11　本書では材料費等の製造量に比例して増える原価を「変動費」と呼ぶことにします。

では、具体的な導入方法を見ていきましょう。ここでは、わかりやすくするために北海道の代表的な水産加工食品である蒲鉾（板付き）を例にします。直接原価計算は原価として、外部から購入してくる変動費（原材料類や包装資材類など）を集計します。板付き蒲鉾で言えば、変動費は、すり身、調味料（塩、でんぷん等）、水、板、包装用フィルム類となります。これらの費用の求め方は、それぞれの費用を板付き蒲鉾一つに使用する割合で按分することで求めます。

　例えば、すり身10キロの材料費が10,000円の場合、板付き蒲鉾一個に使用するすり身のグラム数が300グラムであれば、すり身1グラム当たりの価格は10,000円÷10,000グラム＝1円なので、1円×300グラム＝300円となります。このようにそれぞれの費用の使用量をそれぞれに対応する単位（重さや数量や長さなど）で按分して求めることになります。そのためにはレシピ（製品構成表）があることが大前提となります。このレシピが古いままになっているケースも散見されますので、原価計算導入と同時にアップデートすることをお薦めします。

　また、材料費を計算する際に重要な概念があります。それは「歩留まり」というものです。先ほどの蒲鉾のすり身で説明すると、すり身を機械に投入して蒲鉾の形に成型する際に、機械の中に残ってしまうすり身があります。一個板付きを作るのに300グラムのすり身が必要なので、300グラムきっかりの原料を投入すると例えば297グラムしか機械から出てこないということなのです。この場合はあらかじめ目減りする分、この場合で言えば3グラムを追加で投入する必要があります。通常歩留まりは投入した原料の完成品割合をいいますので、この例で言えば、300÷303＝0.99で歩留まりは99％ということになります。つまり、1％分の余分な原料費を計算する際にはみておく必要があるのです。
　また、上記の例のように機械の中に残ってしまうもの以外にも、単純な製造ミスによる失敗分の原料を加味することが必要です。例えば、「揚げもの」であれば、フライヤーを通過する際に製品どうしがくっつ

いてしまい、まんべんなく揚がらないケースがあります。この場合はその製品は廃棄となりますので歩留まりが悪く（低く）なります。当然ながら、歩留まりが低ければその分コストも上がりますので、歩留まりを高くする努力をする必要があります。

　もう一つ、外注加工費を変動費に加えるケースもあります。外注加工費とは、社内で加工するよりも安価にできる工程や、社内の設備では加工できないものを外部で加工してもらう際にでてくる費用のことをいいます。一般的に、外注加工費は一個あたりの加工費が決まっているので、生産数量に比例して増えることになります。したがって、外注加工費を変動費にすることもあります。

　このように直接原価計算は変動費を製品一つ一つに紐付けして集計することが比較的簡単にできます。レシピは製造部門で作り、単価の計算は経理部門で行うことで組織的に原価計算の仕組みを導入していきます。

２）直接原価計算の活用方法

　ここで、直接原価計算の活用方法について見ていきたいと思います。直接原価計算は図でわかるように、総原価の一部、それも小さな割合しか集計していません。しかし、この小さな割合は大きな意味をもたらしてくれるのです。

75

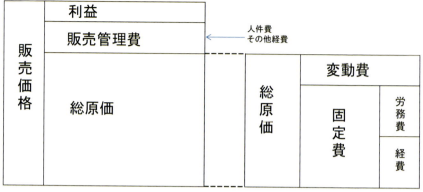

図5-5　原価と販売価格

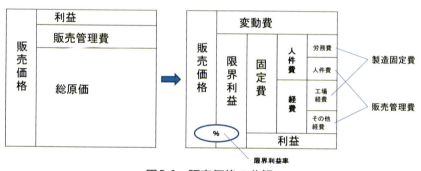

図5-6　販売価格の分解

　図5-5は販売価格と原価の関係を図にしたものです。ここから、販売価格は総原価に販売管理費と利益を上乗せしたものであることがわかります。また、販売価格を分解すると図5-6のようになります。これは、販売管理費と原価を「変動費」と「固定費」に振り分けたものです。販売管理費は「人件費」と「その他経費」に分解できますが、どちらも販売数量に比例して増加する費用ではないので固定費となります。

　図5-6では「限界利益」という耳慣れない言葉が登場しています。限界利益という概念は管理関係特有のものなので、通常、財務会計には出てこないものです。また、「付加価値」と言われることもあります。実

は、この限界利益と限界利益率が大きなカギを握っているのです。限界利益は、図5-6を見れば明らかなように、販売価格から変動費を引いたものです。変動費は直接原価計算で集計するので、直接原価計算を行うことで、限界利益と限界利益率が求められることになります。

　では、なぜ、限界利益（率）が重要なのか？　その理由について見て行きたいと思います。

　限界利益は販売価格－変動費で求められます。変動費は生産量に応じて比例して増えていくという特徴があります。たとえば、変動費として代表的なものに原材料費と包装資材がありますが、生産量が一個から二個に増えれば必ず原材料費と包装資材費も二倍必要になります。この特徴を持つものは原価を構成する費用のなかでは変動費しかありません。例えば、人件費は生産量が二倍になったところで二倍になるわけではありません。給与は一定だからです。*12 また、工場の減価償却費も同様です。これらは、生産量に比例して増加しないために「固定費」と呼ばれます。つまり、生産量が増えようが減ろうが、一定の費用がかかるということです。

　図5-6に戻ってみましょう。固定費は限界利益から賄われていることがわかると思います。

　限界利益から固定費を引いたら利益となっています。逆に言えば、限界利益が固定費より少なければ赤字となってしまうことを意味します。ところで、固定費は固定的な費用であるため、簡単に削減できないとい

---

*12　パートタイマーの場合は時給制ですので、生産数が増えれば人件費も増えますが、それでも比例して増えるわけではありません。もっとも業態によっては生産数量に比例して増減するケースもありますので、その場合は変動費に加えることになります。

う性質を持っています。人件費を例にとればわかると思いますが、給与水準を下げることは余程の理由がない限りできません。また、減価償却費も耐用年数で決まっていますので、原則として削減は不可能です。つまり、固定費は「削ることの難しい塊」としてみなければならないということです。

今一度確認してみます。限界利益－固定費＝利益です。この式の意味するところは、「限界利益が固定費を上回る水準でなければどう頑張っても利益は出ない」、ということなのです。ということは、限界利益の水準こそが最も大事ということになります。すなわち、直接原価計算は、最も大事な限界利益および限界利益率を明らかにすることができる手法であるということなのです。

つまり、オーソドックスな直接原価計算の活用方法は次のようになります。

　　既存商品の場合：限界利益率が低い場合は販売価格を上げるという
　　　　　　　　　　意思決定ができる。
　　新商品の場合　：限界利益率が一定の値を上回るように販売価格の
　　　　　　　　　　設定ができる。

３）限界利益率の適正水準

では、次に限界利益率の水準について見ていきたいと思います。いったい、限界利益率はどの程度確保すれば良いのでしょうか？　限界利益率は変動費率と対になっていますので、商品に占める変動費率がいくらなら妥当なのかを考えれば良いことになります。この変動費率は業種によって大きく変わってきますが、ここでは製造業を例に見ていきたいと思います。

第五章　原価計算の導入

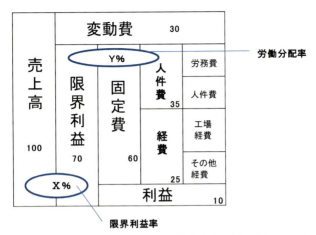

図5-7　製造業における限界利益率と労働分配率モデル
(出典：和仁達也氏『コンサルタントの経営数字の教科書』
かんき出版より加筆)

　図5-7を見てください。単純に売上を100とした場合のある中小企業の一年間の損益の構造を示したものです。この図でわかることは、売上高営業利益率が10％であり、限界利益率が70％、変動費率が30％、労働分配率が50％ということです。上記のモデルでは、利益率が10％確保できており、利益水準としては申し分がありません。また、労働分配率は50％ということでこれも適正な範囲に収まっています。[*13]

　自社の損益構造がどのようになっているかを、決算書から数字を拾って確認してみてください。因みに、TKC全国会が集計している『TKC経営指標（BAST）[*14]』(平成30年版)によると、食料品製造業で売上高

[*13] 労働分配率は限界利益のうち人件費にどれだけ割いているかを示す指標です。したがって小さすぎても大きすぎても問題があります。

[*14] 平成30年版『TKC経営指標』（発行：TKC全国会）は、全国の240,490社の法人企業の平成29年1月期から12月期決算に基づく経営分析値を収録しています。この『TKC経営指標』は、TKC全国会に加盟する職業会計人（税理士・公認会計士）が、その関与先である中小企業に対し、毎月企業に出向いて行う「巡

2.5億～5億円の企業の中で、黒字企業平均の限界利益率、労働分配率、経常利益率はそれぞれ52.9%、51.5%、3.4%となっています。自社の数値と比較してみてください。

BASTの黒字企業平均と比べると、図5-7のモデルでは限界利益率は高く、労働分配率は低いことがわかります。この結果、利益率は10%という高水準となっています。仮に、自社の数値がBASTの数字を下回る場合は、販売価格の見直しを検討する必要がありそうです。また、今後の新商品の価格設定では限界利益率を上げる必要があります。

また、図5-7のモデルは目標利益額（率）を決めることで、必要売上高を逆算することができます。例えば、利益を15に増やしたい場合は、固定費を一定とした場合、必要売上高は107となります。これは次の計算式で求めることができます。

　　　計算式：必要売上高＝(固定費＋利益)÷限界利益率

また、売上高が107になった場合、労働分配率が50%から46.7%に下がります。ここで、労働分配率をもう少しあげる、つまり、従業員への還元を少し増やすことも可能です。例えば労働分配率を48%にすると、人件費は35から36になります。この場合の利益は15から14へと減りますが、会社も従業員も満足する結果と言えるのではないでしょうか？また、限界利益率を上げれば、売上高をそれほどあげなくとも同様の結果が得られるでしょう。つまり、目標利益を得るために、限界利益率や労働分配率をいくらにすれば良いかというシミュレーションが可能とな

回監査」と「月次決算」により、その正確性と適法性を検証した会計帳簿を基礎とし、その会計帳簿から作成された「決算書」（貸借対照表・損益計算書）を基礎データとしています。なお、これらの決算書は、そのまま法人税申告に用いられています。

のです。

　これらのシミュレーションの結果、目標とする利益を達成するための限界利益率が算出できます。その結果、既存商品の販売価格の値上げや新商品の限界利益率の決定ができることになります（なお、このシミュレーションは、和仁達也氏が主宰する「日本キャッシュフローコーチ協会」の考え方に基づいています）。

4．直接原価計算を活用した戦略的意思決定

　いままで、直接原価計算の活用方法を見てきました。ここまで見てきた活用方法はごくオーソドックスなケースと言えます。つまり、限界利益率が低い商品はそれだけ利益を稼ぐ力がないため、値上げをする意思決定を行うということでした。しかし、ここでは、それ以外の活用方法を紹介したいと思います。いわば、戦略的な意思決定に役立てる方法です。

　いま、製造部門の製造能力に余裕があると仮定します。フル稼働していないという状況です。この状況で、二つのケースを考えてみたいと思います。

　まず、第一のケースは、新商品を新規に売り出すことになった場合の価格設定をどうするかです。オーソドックスな考え方では、限界利益率が50〜60％以上とれる価格設定を行いますが、生産能力に余力がある場合では、必ずしもそれが正解とは限りません。というのも、生産能力が余っているということは、社員や設備が遊んでいる状況を意味します。社員の人件費や設備にかかる減価償却費などは固定費なので、このような状況下で生産を増やしたからといって増えるわけではありません。

　図5-7を見てください。限界利益－固定費＝利益という構造になって

います。ということは、たとえ1円でも限界利益を稼いだ方が、会社に残る利益が多くなります。したがって、短期的に利益を確保したい場合や、ある商品を戦略的に安く売ってシェアを上げたい場合などは、限界利益率が低い価格設定をしても利益が残ることになり、会社の意思決定としては正解なのです。逆に言えば、変動費を1円でも上回るところまでなら、価格を下げる余地があるということです。

　このように、固定費が発生する業種の場合は臨機応変に価格を設定できるということになります。ただし、これは、あくまでも戦略的な意思決定ですので、初めて直接原価計算を導入する企業においては、まずは、基本となるオーソドックスな価格設定の方法をマスターして頂きたいと思います。

　もう一つのケースとしては、すでに、販売している商品群のなかで、どれを優先的に生産するかという意思決定に役立てるケースです。いま、A商品とB商品があるとします。A商品の限界利益は300円でB商品の限界利益は500円とします。この場合、どちらを優先的に生産するか？　という意思決定です。一見すると限界利益額はBの方がAより200円多いので、B商品を増産することが有利です。しかし、A商品を一個作るのに5分かかり、B商品を一個作るのに10分かかるとすればどうでしょうか？　「一分当たり」の限界利益額はA商品では60円でB商品は50円ということになります。工場の能率を考えれば、一分当たりの限界利益額が多いA商品を増産する方が有利となります。

　このように、限界利益の概念を知っていれば、いろいろな意思決定に役立てることができます。上記いずれも「固定費」の特徴を知った上で、どのように回収するのが一番有利かという観点にたって判断しています。変動費と固定費という単純な区分けですが、実はシャープな分析ができるのです。

82

5．全部原価計算の導入方法

1）直接作業時間の分類

　ここからは、二つ目の原価計算の方法である全部原価計算の導入方法を見ていきたいと思います。

　全部原価計算の計算構造は図5-4（p. 73）を見てください。直接原価計算で集計した変動費に固定費をプラスして、一つ一つの商品に紐付けしていくことになります。変動費の紐付けは直接原価計算で見ましたので、ここでは、固定費の紐付け方法を紹介したいと思います。繰り返しになりますが、本書の実務編では複雑な固定費の紐付け方法（配賦と言います）をできる限り単純化して、実務に活かしやすい方法を紹介しています。

　固定費の紐付け方法は図5-2（p. 70）をみてください。固定費の労務費と経費はすべて「作業時間」で紐付けすることになります。

　では、まず作業時間から説明していきます。作業時間は図示すると以下のように分類されます。

図5-8　作業時間の分類

　上記の時間を簡単に説明します。出勤時間は会社に来て帰るまでの時

間（通常8時間労働の場合は9〜18時）となります。そこから、昼休みや休憩時間を除くと就業時間となります。就業時間は給与の支払い対象時間です（昼休み等の休憩時間が1時間であれば就業時間は8時間となります）。就業時間は手待ち時間と実働時間となります。手待ち時間とは、会社側の都合で生産活動ができない状態の時間をいいます。例えば、機械が壊れて動かない場合や、生産に必要な原材料や部品が届いていない場合で、従業員が手持ち無沙汰になっている状態のことをいいます。この時間も給与は発生していますので、会社にとっては最もムダな時間となります。手待ち時間以外の時間を実働時間といいます。実働時間は直接生産に携わる時間としての直接作業と原材料を運ぶ作業やミーティングや清掃をする間接時間に分かれます。さらに、直接作業時間は、段取りと加工時間に分かれます。

　また、直接作業時間の中には「仕損じ」の時間も含まれます。仕損じとは、正規の作業中にミスや不具合が生じて、それを直す時間のことをいいます。手直しとも呼ばれます。仕損じは、正規の作業時間を使ったうえに、それと同等またはそれ以上の時間を「手直し」に使うことになるのでとても大きなロスとなります。手待ち時間と同様にムダな時間ですので、特に管理する必要があります。

　上記の作業時間を作業日報を用いて記録することが第一歩となります。

2）作業日報の導入方法

　作業日報は、生産現場において、「何を作るのにどれだけの時間をかけたか」を記録していくものです。図5-8の区分に従って、作業者一人ひとりが自分の作業を日報に記録していきます。

　朝、現場に入ってから夕方現場を離れるまでの時間をできる限り詳細に記録していくことが、原価計算の正確性を担保することになります。記録の単位は原則として「分」単位です。

例えば、9時から9時15分は朝礼、9時15分から10時00分までA工程でP製品の製造、10時から10時30分までB工程でP製品の製造、10時30分から10時40分まで段取り変え、10時40分から10時45分まで材料の搬入、10時45分から12時00分までA工程でQ製品の製造という具合です。この例でいくと、9時から12時までの3時間（180分）のうち、間接作業が20分でそのうち朝礼が15分で材料搬入が5分ということになります。また、直接作業が160分でそのうち加工時間が150分で段取り時間が10分ということになります。さらに、加工時間はP製品に75分、Q製品に75分という集計結果となります。

　さて、作業日報は初めて導入する企業にとって二つの大きな壁があります。まず一つ目は、「現場作業者の壁」です。工場現場で働く人にとって作業日報の記録は余分な仕事です。今までしなくてもよかった仕事が増えるわけで、しかも、いちいち時間を記録しなければならないという面倒な作業なのです。当然、大きな反発があります。表には出さずとも、内心は「面倒な仕事を増やしてくれたナ……」と思うものです。これは致し方ありません。

　もう一つの壁は、「集計者の壁」です。作業日報は先ほどの例でもおわかりのように、記録した日報を区分ごとに集計する作業が必要になります。日報は毎日、全作業員から上がってきます。50人の作業員がいる現場では、一カ月で50枚×20日＝1,000枚の日報がたまっていきます。毎日50枚の日報を集計していく作業は考えただけでもげんなりします。

　私の経験から言いますと、二つの壁のうち、より高い壁は断然後者、つまり「集計者の壁」です。一つ目の壁は、当初の一週間ほどは現場から悲鳴が聞こえてきますが、徐々に慣れてきて、一カ月もすればほとんどストレスなく現場から上がってきます。現場の作業者も自分の作業時間を客観的に見ることができるので一種の面白さを発見してくれさ

えします。他方、「集計者の壁」は、毎日毎日大量の日報集計に追われて、楽しさどころか、日を追うごとに疲弊してしまいます。集計する部署は、管理部門が一般的ですが、日ごろデスクワークには慣れているとはいえ継続して集計することは大きなストレスとなってしまいます。実は、この壁が多くの中小企業で原価計算導入がとん挫する要因の一つになっているのです。

　では、どのようにすれば、作業日報をスムースに導入することができるのでしょうか？　その方法はいたってシンプルです。それは、以下の方法によります。

　　①日報集計期間を区切る（一週間程度）
　　②日報集計期間にまんべんなく製品を生産する

　この二点です。まず、①ですが、期間を一週間とすることで集計者の壁を取り払うことができます。また、②でラインナップをまんべんなく製造することで全ての製品の作業時間を把握することが可能です。個別の製品にかかわる作業時間は余程作業工程が長いものでもない限り、一週間程度ウオッチすればほぼ正確な値がとれます。また、集計者も一週間という区切りがあることで、ストレスを感じることはありません。

　作業日報のレイアウトについては、導入する企業ごとに工程が違うため、それぞれにあったレイアウトを工夫することになります。私が導入支援したある企業では、工程を記号化し、作業者が工程名を記入する手間を大幅に削減しました。工程を記号化するというアイデアは、原価計算導入プロジェクトチームの会議から出てきたものでしたが「現場作業者の壁」を取り払うためにとても有効でした。

3）固定費の紐付け方法
　さて、ここからいよいよ固定費の紐付け方法を見ていきます。作業日

報を集計して得られたデータは、製品に直接紐付けることができる「加工時間」と多くの場合直接紐付けすることができない「段取り」と「間接作業」に大別できます。[15]「加工時間」は製品ごとの作業時間をダイレクトに集計できるため紐付けは容易です。問題は、「段取り」と「間接作業時間」をどうやって紐付けするか、です。例で見ていきましょう。

（分）

作業内容	製品A	製品B	共通	計
加工時間	200	100	0	300
段取り時間	20	30	20	70
間接作業時間	30	40	30	100
手待ち時間			10	10
計	250	170	60	480
共通時間配賦	36	24	-60	0
配賦後時間	286	194	0	480

図5-9

図5-9は簡単にするために一人で作業する現場を想定しています。9時から18時までが出勤時間で、休憩が1時間として、就業時間が8時間（480分）の現場という前提です。いま、製品Aと製品Bを一人で製造しており、ある一日の製造日報を集計した結果が図5-9のとおりとなったとします。

製品Aと製品Bに区別できる時間と区別できない共通の時間（例えばミーティングや清掃、共通材料の運搬等）をそれぞれ集計します。また、段取りと間接作業時間については、製品に紐付けできるものは製品に紐付けしています。図5-9では、共通の時間が60分となっています。共通の時間は、製品Aと製品Bに直接区分できる作業時間、すなわち、製品Aは250分、製品Bは170分の割合で按分します。

---

[15] 段取りと間接作業時間については製品に直接紐付けが出来る場合もあります。

この結果、製品Aを作るのに要した時間は286分、製品Bを作るのに要した時間は194分となります。製品の完成個数はそれぞれ10個とします。

　ここまで集計できれば、固定費の計算はあと一息です。固定費はあくまでお金の単位ですので、時間（分）をお金に換算する必要があります。では、次にお金に換算する方法を見ていきましょう。

4）賃率計算

　固定費のうち「労務費」については「賃率」というものを用いて計算します。賃率とは単位時間当たりの労務費という意味です。通常は一分あたりの労務費を指します。計算式は次のとおりです。

$$賃率 = \frac{労務費}{総就業時間（分）}$$

　上記の例であてはめると、賃率計算は分母が480分となり、分子は一日当たりの労務費ということになります。仮に一日当たりの労務費を1万円とすると、1分当たりの賃率は10,000円÷480分＝20.83円となり、切り上げて21円ということになります。

　賃率が21円ということなので、製品Aと製品Bの製造にかかった労務費は賃率×時間で求めることができます。

- 製品A＝286分×21円＝6,006円、　　6,006円÷10個＝600.6円
- 製品B＝194分×21円＝4,074円、　　4,074円÷10個＝407.4円

　すなわち、製品Aの1個あたり労務費は約600円で製品Bのそれは約407円という値が求められるのです。もっとも、実際の工場では、働いている人数も1人ではありませんし、製造する品目も2種類ということはないでしょう。しかし、その場合でも、原理は同じです。分母を人数

分に増やし、分子の労務費を割れば同じように求められます。作業日報は複数製品を同じような区分で分けて記載することで対応は可能です。

　また、賃率は部門別に作ることも可能です。組織的に部門が分かれており、違う種類の製品を加工している場合は、部門ごとの賃率を計算することになります。例えば、第一製造部では熟練を要する製品が多く、第二製造部では単純作業が多い製品を作っている場合、第一製造部の賃金は第二製造部に比べて高くなるため、賃率も高くなります。部門ごとの実態にあった賃率で加工費を計算することで、より正しい原価を把握できます。

　また、比較的規模の大きな企業では、生産管理や調達を担う部門（補助部門）が工場組織に属しているケースもあると思います。生産管理や調達は直接作業とは区別され、日報管理とは別枠で取り扱うことになります。この場合はそれぞれの部門の特性に応じて製造部門への配賦率を決めることになります。通常は、それぞれの部門の負荷時間割合で配賦します。例えば、生産管理部門であれば、第一製造部と第二製造部がある場合、それぞれの業務負荷が半々であれば50％ずつの配賦率となります。一方、部品手配や生産調整が第一製造部に偏っている場合は、例えば第一製造部に80％、第二製造部に20％と分けることになります。

5）製造経費（工場経費）の配賦方法
　最後に、製造経費の配賦方法について見ていきたいと思います。製造経費は労務費以外の固定費です。製造経費は本書では「直接作業時間」の比率で配賦する方法を紹介します。この方法は最もシンプルな方法であり、最初に原価計算を導入する企業にお薦めする方法となります。

　ただし、企業によっては、作業時間以外の「配賦基準」で製品ごとに配賦する方が実態をより正確に表すことも十分にあり得ます。例えば装置産業などではプラントごとの経費を集計したのちに、そのプラントを

通過する原料の通過時間や重さの割合に応じて製品に配賦する方が合理的です。この場合は別途「機械レート」を計算しておいて配賦することになります。

　ここで機械レートを簡単にご紹介しておきましょう。機械レートは大きくわけて、「時間基準」、「物量基準」、「金額基準」などがあります。ここでは、時間基準と物量基準を説明したいと思います。

　まず、時間基準ですが、時間基準とは、プラントを原料が通過する時間割合によってプラントの経費（減価償却費や修繕費や燃料代など）を配賦する方法です。例えば、プラントQに原材料A（100 kg）、原材料B（200 kg）、原材料C（300 kg）の三種類の原料が順次通過するとします。その通過時間はそれぞれ8時間とすれば、延べ通過時間は8時間×3で24時間となります。また、プラントQの経費が一日あたり24,000円とします。この場合の機械レートは以下のようになります。

　　　機械レート（時間基準）＝ 24,000円 ÷ 24時間 ＝ 1,000円/h

　次に、物量基準を見てみます。物量基準は、プラントを通過した原料の重さや個数の割合でプラントの経費を配賦する方法です。先ほどのプラントQの場合では、原材料A、B、Cがそれぞれ100 kg、200 kg、300 kg通過しています。したがって、この場合の機械レートは次のようになります。

　　　機械レート（物量基準）＝ 24,000円 ÷（100 ＋ 200 ＋ 300）＝ 40円/kg

　上記二つの機械レートを原料A、原料B、原料Cに適用して加工費を求めると次のようになります。

第五章　原価計算の導入

〈時間基準の場合〉

原料A　8時間×1,000円＝8,000円

原料B　8時間×1,000円＝8,000円

原料C　8時間×1,000円＝8,000円

合計　　24,000円

〈物量基準の場合〉

原料A　100kg×40円＝　4,000円

原料B　200kg×40円＝　8,000円

原料C　300kg×40円＝12,000円

合計　　24,000円

　上記の例では時間基準と物量基準では大きな差異が生じます。時間基準では、原料の重さに関係なく、同じ時間を費やすのだから負担するコストも同じという考えです。他方、物量基準の場合は、重さが重い分プラントを使用する割合も大きくなるということで、コスト負担も大きくしています。どちらが実態に近いのでしょうか？　実務では集計しやすい物量基準を採用しているところが多いという印象を受けます。しかし、実際の工程をよく観察すると、時間基準の方が実態に合っている場合もあるのではないでしょうか？　いずれにしても、自社の実態にあった方法で機械レートを計算する必要があります。

　以上、機械レートを見てきましたが、本書の目的は、原価計算の入門ですので、最もシンプルな方法を紹介することにします。

　では、例を基に説明していきたいと思います。

　図5-10は一カ月間の製造経費の明細です。一カ月間で20万円の費用がかかっていることがわかりま

（千円）

費目	金額
水道代	10
電力料	30
消耗品費	20
修繕費	20
減価償却費	100
その他	20
計	200

図5-10　製造経費明細（一カ月間）

91

す。これを、先ほどの製品A、Bに当てはめてみたいと思います。一カ月の稼働日数を20日とすると、一日当たりの製造経費は200千円÷20日で10千円となります。次に、この1万円を製品Aと製品Bに配賦します。配賦にあたっては下記の計算式で配賦率を求めます。

$$間接配賦率 = \frac{製造経費}{直接作業時間}$$

上記の例では、10,000円÷350[16]分で28.5円が配賦率となります。切り上げて29円ということにします。この場合、製品A、製品Bへの製造経費の配賦額は以下のとおりとなります。

　　製品A：直接作業時間（220分）×29円÷10個＝638円
　　製品B：直接作業時間（130分）×29円÷10個＝377円

直接作業は、あくまで直接作業した時間となりますので、間接作業時間は除かれます。すなわち、直接人手をかけた分だけを配賦対象にしていることになります。考え方としては直接手間暇をかけた分だけ工場経費もかかっている、ということになります。この考え方は主に労働集約的な作業現場に適した配賦方法と言えます。中小製造業のなかでも食品加工の多い北海道ではこの方法が最も合理的と言えます。他方、機械生産が主な装置産業であれば、先ほど言及した機械レートを基に配賦した方が合理的となります。

さて、ここまで計算できれば、固定費の集計はほぼ完了です。先に求めた「労務費」と合算すればよいのです。これで「加工費」が求められます。製品A、製品Bの加工費は次の通りです。

---

[16]　製品A（200分＋20分）＋製品B（100分＋30分）＝350分。p. 87、図5-9より。

製品Ａ：労務費600円 ＋ 製造経費638円＝1,238円

製品Ｂ：労務費407円 ＋ 製造経費377円＝ 784円

　いかがでしょうか？　作業日報の導入から労務費を計算し、製造経費の配賦を行った結果、上記の原価が得られました。この固定費はあとから検算することが可能です。製品Ａと製品Ｂはそれぞれ10個ずつ完成するのですから、（1,238円＋784円）×10個＝20,220円の回収となります。これと発生した労務費と製造経費を比較します。発生した労務費と製造経費はそれぞれ１万円でしたから合計２万円となります。２万円≒20,220円となります。よって、きちんと発生した固定費を回収していることが確認できました。先に述べたように、中小企業では、知らないうちに回収漏れを起こしているケースもありますので、このような検算を行うことで回収漏れを防ぐことができます。

　ここで求めた「固定費」に「変動費」を加えると全部原価となります。是非、みなさんの会社でも全部原価計算を導入してみてください。

６．原価低減活動への活用方法

　いままで、原価計算の具体的な導入方法について見てきました。ここからは、原価計算で得られた情報を原価低減活動に活かす方法を見ていきたいと思います。冒頭で、原価計算の目的を三つあげました。繰り返しますと以下のとおりです。

　①自社で生産した商品の原価を明らかにして、一つ一つの商品がいくら稼いでいるのかを「見える化」すること
　②新しく売り出す商品を、いくらで売れば利益がでるのか、またはいくらで作れば利益が出るのか、を明らかにすること
　③生産現場を「見える化」して原価を下げる活動を定着させること

このうち、③についてくわしく見ていきたいと思います。

原価計算を導入する過程及び原価計算を導入した結果得られる指標は、多岐にわたります。直接原価計算では、変動費の中身や歩留まり、外注加工費が見える化できました。また、全部原価計算では、固定費の中身がわかりました。そのうち人件費については、作業日報による日々の生産活動の効率や手待ちや仕損じなども明らかになりました。また、製造経費では機械レートによる加工費の配賦や各種経費の配賦によって、どこでどれだけの経費がかかっているかが見えるようになりました。まさに、工場現場を「見える化」することができるのです。

工場現場は品質（Quality）、原価（Cost）、納期（Delivery）、環境負荷（Environment）という観点で見ることができます。それぞれの英語のかしら文字をとってQ、C、D、Eと呼ばれます。原価計算を導入することで、これらのすべての改善につなげることが可能となります。

例えば、仕損じを管理することは、仕損じをしないように工程や設計を変更する活動に繋がります。この結果、仕損じの数は減り、良品率も向上します。これは、品質の向上に繋がります。また、工程改善により製造にかかる時間が短縮することで、お客様に届ける期間つまり納期も短縮することができます。製造時間が減れば製造にかかる電気代などの光熱費も削減できることから環境負荷も低減します。歩留まりが改善すれば、原材料の廃棄も減ります。最近ではマテリアルフローコスト会計という新たな手法が登場しており、原材料のロスを可視化できるような取り組みが広まりつつあります。

また、そもそも、原価計算を導入することで、今後の原価低減への目標が数値化できます。原価低減は、製品を作ることに関わる全ての人の活動をコントロールできます。上流から見れば「企画開発」→「設計」→「調達」→「生産」→「品質管理」→「出荷」という業務の流れがありますが、それぞれの段階で、改善する契機を作ります。例えば、企画開発段階で

第五章　原価計算の導入

コストを下げるように部品を共通化することや原材料を共通化するなどの改善が考えられますし、設計段階では加工しやすいように設計をあらかじめ変更することもできます。また、材料を変更することでコストダウンも可能です。調達部門では相見積りを取ることでコストダウンができます。品質管理では、検査の方法を改良することで品質にかかるコストを下げることが可能です。例えば目視作業を機械化するなどです。また、出荷作業については、梱包材の改良でコストダウンが可能です。特に内部の緩衝材などは材質を発砲スチロールから紙に変えることや設計変更でコストダウンと環境負荷低減が可能です。

　生産現場では、原価計算導入後に「月次業績検討会」の開催をおすすめします。これは月一回の会議体で、工場部門トップと部門長がメンバーで経理部門が司会進行を務めます。最初に経理部門から工場全体の損益状況を説明した後、各部門長がそれぞれの現場データを基に説明を加えていきます。規模の小さな会社であれば、これを「経営会議」として活用することになります。

　このように、原価計算の導入を通して、生産現場はもとより各部門の活動まで幅広くカバーすることができ、結果として会社業績の向上に役立てることが可能となるのです。原価計算が管理会計の中核をなしている理由がここにあります。

コラム5
原価計算の導入
～ノースプレインファームの場合
よりよい食品を作るための一手段

ノースプレインファーム株式会社
常務取締役 吉田年成氏

　農林水産省が、農林漁業生産と加工・販売を一体化することを促進するようになり、農業者の加工販売は珍しいことではなくなった。いわゆる農林漁業の6次産業化である。今まで原料生産を生業としていたところが、製造や販売を始めるのにあたって考えなければならないことの一つが「いくらで売るか」である。原料と設備があれば、商品を作ることはできる。それを「どこに、いくらで売る」のかが、とても重要なポイントになる。そして社会貢献ができるようその事業を継続させるには、売り続けて再生産できるだけの利益を確保する必要がある。

　ノースプレインファームは、オホーツク海に面した興部町の小さな牧場だが、生乳を生産して出荷する酪農から、自ら加工販売をすることを始めて約30年が経った。販売をするには価格を決めなければいけない。生乳のように一定のシステムで決まった価格で、ある程度自動的に精算されていた状況だったのを、自分で価格を決めて自分で販売をしなくてはいけなくなったわけである。価格を決める要素はたくさんあるのだが、その根拠となるのはやはり製造原価だろう。

　私が入社した頃は、この製造原価を、原価積み上げで「設定」していたものの、どうもしっくりこなかった。このような感覚というのは意外と重要で、原材料と工程、売上の流れを見たときに何かヘンだな、と感じてから、原価の見直しが始まった。その過程で役に立ったのが、管理会計の考えで、製造部門でいえば、記録によるさまざまな数字の蓄積である。原価の見直しをするにも、データが無いので最初はデータ集めから。毎月の工場の電気代が会計データでわかったところで、個別の原価

第五章　原価計算の導入

計算は進まない。使用する機械の消費電力と使用時間を調べることから行わなければならなかった。1カ月、3カ月、半年、1年と根気よく続け、ようやく実際にかかった費用と製造量との関係をエクセルで表にして印刷して繋げてみると、たたみ1畳くらいの大きさになってしまった。そのままでは使いにくいデータかもしれないが、流れが見えるというのはとても重要なことで、それまで感覚的だったことが、具体的に理論的に説明できるようになったということだ。

　全体像がつかめれば、あとは精度を上げるだけである。重要なデータと、思ったほど影響のないデータと、気づかなかったデータの発見と、なかなか楽しい改善を続けることで、現在も少しずつ精度を上げている。

　当然のことだが、原価は動く。動く数字をどう安定させるかは現場管理に任せるとして、動くことを前提で数字を見ることができるかどうかも大事なことだと思っている。一度原価計算ができれば、任意の数字を変えてシミュレーションができる。お客様にも会社にも重要な価格は、我々がその商品をいくらで作れたかではなく、いくらで買っていただけるかということだ。そのためには、いくらで作るかを決めなくてはならない。当社の製造理念でもある良い食品の持つべき原則、「品質に応じた妥当な価格」の設定は、成り行きではダメなのだ。明解な価格設定ができるということは、原価計算あってこそなのだ。

第六章　資金管理

理論編

1. 資金の管理

　資金管理は、企業経営において非常に重要な管理項目となります。広くとらえると、資金管理には、大規模な設備投資のような中長期にわたって経済的インパクトの生じる資金に関する計画、例えば資本予算などと呼ばれるようなものも含まれます。しかし、本章では、中小企業における経常的な資金管理に注目していくことにしましょう。すなわち、中小企業が日々のビジネスを継続していくために必要となる資金についての管理です。なお、ここでは、資金のことを、ビジネスを継続または拡大していくために投下される現金と捉えることとしておきましょう。すなわち、ビジネスの元手になるという意味を帯びているとき、現金は資金と呼ばれます。

　ここで企業の単純な販売サイクルを検討してみましょう。まず、仕入→売上というサイクルを考えてみます。支払いと回収がすべて現金で行われる場合であっても、仕入をしてから売上に至るまでに現金収支のタイムラグがあります。そのため、この仕入後、売上に至るまでの期間は、現金が不足しがちということになります。次に、掛仕入→掛売上、という信用取引も考慮に入れてみましょう。そうすると、実際の仕入時と買掛金の支払い時点、売上時と売掛金回収の時点にもタイムラグが生じます。現金収支に注目すれば、買掛金の支払いから売掛金の回収までの期間が現金収支のタイムラグということになります。

　ビジネス上は、仕入→売上（→仕入→売上）と、仕入と売上の循環を

継続的に繰り返していかなければなりません。掛仕入、掛売上がある場合は、この循環に買掛金の支払いと売掛金の回収が組み込まれることになります。この循環を考慮したうえで、次の仕入と売上の循環を円滑に回すためには、現金収支のタイムラグを、できるだけ短く、かつ、規則的にする必要があります。何かのトラブルで、商品の販売自体ができないような事態や売掛代金の回収の遅れが生じたりすると、資金が不足して、次の仕入代金や買掛金の支払いができなくなり、ビジネスの継続が危うくなります。それに加えて、そもそも通常のビジネスでは、一つの会社の中にたった一つの仕入と売上の循環しか存在しないというわけではありません。何種類かの商品・製品に関連する循環が入り乱れて存在していますから、万一、いくつかの製品の仕入代金の支払いが重なり、かつ、いくつかの製品の売上代金の回収のトラブルが重なるというような事態が起きてしまうと、大変なこととなります。

　また、買掛金など仕入代金の支払い以外にも、定期的に生じる代表的な支払いとして、従業員への給料の支払いがあります。また、もし借入金があれば、借入金の定期返済も避けることのできない支払いとなります。何らかの理由で、買掛金の支払い、従業員への給料支払い、借入金の返済などのタイミングよりも、売掛金の回収が遅れてしまうと現金の不足が発生します。このような現金の不足が発生しないようにしようとするのが資金管理の基本です。こういった現金の収支については、一定期間における総額について管理していればよいというわけではありません。収支のタイミングにも注目して管理する必要があります。そして、その基本は、「計画通りに現金の回収ができているか」という点につきます。

　資金不足が生じていても、それが単なる売掛金の回収の遅れによるもので、あくまで一時的なものにすぎないという場合、計画通りに売掛金が回収されさえすれば資金不足は解消されることになります。しかし、一時的とはいえ、ひとたび資金不足が発生すれば、その期間に他の支払

いをすることが困難となってしまいますから、大きな問題が発生することになります。このような一時的な資金不足を解消するために、短期借入が利用されることになります。たとえ短期借入をしたとしても、予定通りに売掛金が回収されさえすれば問題なく返済することができます。ですから、必要に応じて短期借入を視野に入れなければならないこともありえます。このような現金収支を管理するための道具として「資金計画表」または「資金繰り計画表」などと呼ばれるものがあります。その具体的な中身については実務編を参考にしてください。

2．運転資金

　運転資金とは、企業が日々のビジネスを継続していくために必要とされる経常的な資金需要額のことです。一般には、「運転資金＝売掛金・受取手形＋棚卸資産－買掛金・支払手形」という計算により求められます。まず、棚卸資産の金額は、その金額以上の現金回収を見込んで製品や商品に資金投下をしたものの、まだ販売されておらず現金回収には至っていないものとなります。売掛金・受取手形の金額は、販売こそされたものの、その対価について、現時点では回収はできていない部分となります。一方、買掛金・支払手形は、将来に現金を支払う必要があるものの、まだ現金支払いをせずに済んでいる金額となります。したがって、この両者の差額である運転資金は、一時的に企業がビジネスを継続するために資金を立て替えておく必要のある金額ということになります。

　運転資金の金額が少ないほど、経常的な資金の準備が少なく済みますので、有利となります。そのためには、①売掛金・受取手形の回収期間を短くするように交渉する、②棚卸資産を圧縮するよう在庫管理を徹底する、そして、③買掛金・支払手形の返済期間をできるだけ長くできるように交渉する、といったことが必要となります。

しかし、①と③は、交渉力の低い中小企業にとって、管理が難しい項目ともいえます。このなかで、実践しやすい項目が②の在庫管理ということになります。

3．在庫管理

　トヨタをはじめとする日本企業は、在庫管理に優れていることで有名です。トヨタ生産方式の重要な方法の一つに JIT（Just in time）生産方式と呼ばれるものがあります。これは、在庫を可能な限りゼロにしようとする在庫管理の方法です。

　在庫には、最終製品の在庫のみならず、工場の工程間に存在する工程間在庫や、まだ製造にも供されていない材料の在庫などもあります。特に製造業ではあらゆる場所に在庫が存在するため、在庫管理は極めて重要な課題となります。

　在庫を保有するとなると、まず保管スペースが必要となります。また在庫管理に人手もかかります。つまり、スペース確保のための施設の用意や管理のための人件費など追加的なコストがかかります。

　そして何より、在庫を持つほど、資金の回転が淀みます。資金が投下されて商品や材料等に姿を変えたものが在庫です。もちろん、それらを売ることで投下資金以上の資金を回収しようとするのがビジネスの循環なのですが、なんにせよ最終的に売れるまでは資金が回収できません。売れるまでは現金が不足しがちになりますから、投下資金が在庫の形態でいる期間は短いに越したことはないのです。加えて、長く在庫の形態のままでいると、その間に、製品の陳腐化に直面してしまうリスクや、保管中のトラブルに直面するリスクなども高まります。どのような理由であれ、万一、在庫品が売れなくなってしまうような事態が発生すれば、それは投下資金がゴミになってしまうことを意味します。

もちろん、在庫を持たないことにはデメリットもあります。例えば、大量一括購入によるディスカウントのメリットを享受できない、都度仕入れすることに手間とコストが生じる、急な需要増に対応できず販売機会を失ってしまう、生産上のトラブルがどこかで発生すると工程間在庫がないために生産全体が止まってしまうなど、様々な課題が指摘できます。したがって、メリットとデメリットをよく比較しながら、在庫をどのくらい持つようにするのか様々な角度から検討することが肝要です。

　何よりも、普段から在庫の存在を気にしているかどうかという経営者と各部門の管理者の意識の問題が大切なこととなります。在庫は資金が投下されたものです。長期間にわたり消費されていない材料在庫や販売が滞留している製品在庫などは、お金を漬物にしたあげく腐らせてしまっているようなものです。そのような在庫が、どこにどのくらいあるのか、こまめに点検することが必要です。社内を一斉点検すると、大量の腐った漬物、それどころか化石になってしまっているようなものまで掘り起こされることがあります。それらも、すべて将来の回収を見込んで投下された資金だったのです。資金がゴミのようなものになることが起きないように心がけることが大切です。

　一方で、在庫がすべて悪というわけではありません。ある程度のバッファ（余裕）としての機能もあります。したがって、存在している在庫に、それなりの理由が認められるのかどうか、よく検討することが大切です。資金の回転を円滑にしていくという基本原則としての意識を社内に根付かせていくことさえできれば、社内の各部門で適切な在庫の水準について議論ができるようになるものと思います。なお、これらの在庫の管理には在庫の記録が必要となります。したがって、少なくとも重要な材料や製品等については、有高帳を準備して、継続記録をしておくことが望ましいということになります。

第六章　資金管理

$\boxed{\text{実務編}}$

1．資金管理の現状

　資金管理は企業にとって非常に重要です。先に見た売上管理や原価管理も広い意味ですべて資金管理に繋がるものです。その意味で、資金管理理は売上管理や原価管理と並列なものではなく、すべてを包摂した管理項目と言えるのです。実際、どれだけ儲かっていても資金がショートすれば会社は倒産します。俗に言う「黒字倒産」です。つまり、資金管理は企業が存続できるかどうかのカギを握っていると言っても過言ではありません。

　しかしながら、中小企業において、資金管理をきっちり行っている企業は多くありません。より正確に言うと、資金繰りの「予測を立てている」企業はごく少数である、ということです。毎月の資金繰りの「実績」を集計している企業は多数あります。しかし、将来の予測となると途端に実施数が少なくなる傾向があります。なぜでしょうか？　その理由は単純明快で、「手間がかかる」からです。なぜ、手間がかかるのか？　それは資金繰りの予定を立てるための環境が整っていないからです。大企業であれば業務系システムで必要な情報はいつでも入手できますが、中小企業ではシステム管理が行き届いていないために、どうしても人手で管理することになり、ハードルが上がってしまうのです。

　本章では、中小企業で資金管理を比較的簡単に行えるようなやり方を紹介していきたいと思います。その前に、資金管理の全体像を整理したいと思います。

2．資金繰り計画表の作り方

　資金管理は長期的な資金管理と短期的な資金管理に分けられます。長

期的な資金管理とは３年から５年の設備投資計画やM&A計画とそれに対応する資金調達計画をいいます。資金調達源泉は利益や減価償却費などの内部源泉と、増資や借入金などの外部源泉に分けられます。これらの収支バランスが保たれているかどうかをチェックします。

　一方、短期の資金管理は１年の運転資金の収支を管理するものです。本章では、短期の資金管理をメインに見ていくことにします。

　短期資金管理を行うにあたっては、キャッシュフロー計算書や資金繰り計画表が作成されます。キャッシュフロー計算書は財務会計で開示の方法が決められており、バランスシートの差額を用いて作成する間接法が一般的です。キャッシュフロー計算書からは年間や月間の資金の発生源泉が「営業活動」からなのか「財務活動」からなのかといった情報が得られます。

資金繰計画表		予算 4月	実績 4月	差異 4月	見通し 5月	見通し 6月	
売上高		30,000	26,033	-3,967	30,000	45,000	予測
仕入高		9,000	7,833	-1,167	8,500	12,000	
前月繰越金		43,266	43,266	0	57,826	56,826	
経常収入	現金売上	6,000	5,563	-437			予測
	売掛回収	65,000	60,606	-4,394			
	受取手形回収	0	0	0			
	その他収入	300	224	-76			
	合　計(A)	71,300	66,393	-4,907	0	0	
経常支出	現金仕入	1,000	1,267	267			予測
	支払手形	0	0	0			
	買掛支払	35,000	33,787	-1,213			
	未払金支払	10,000	12,075	2,075			
	当月経費支払	9,000	8,452	-548			
	その他支出	300	252	-48			
	合　計(B)	55,300	55,833	533	0	0	
	差引過不足(A-B)	16,000	10,560	-5,440	57,826	56,826	
経常外収支	固定資産売却等	0	0	0	0	0	
	固定資産購入等	0	0	0	0	0	
財務収支	短期借入金	5,000	5,000	0			
	長期借入金			0			
	増資等			0			
	短期返済			0			
	長期返済	1,000	1,000	0	1,000	1,000	
	その他			0			
翌月繰越金		63,266	57,826	-5,440	56,826	55,826	

図6-1　資金繰り計画表

第六章　資金管理

　しかし、中小企業における資金繰りは日々のお金の出し入れこそが重要です。このため、直接法の資金繰り計画表を作って管理する方法が一般的です。資金繰り計画表は月別の経常収入と経常支出および財務収入と財務支出に分けて管理していきます。実際の資金繰り計画表は図6-1のようになります。[17]

　図6-1では4月が実績で5月以降が予定となります。5月以降の予定はグリーンの網掛けの部分を予測する必要があります。この部分を予測するためには、前提として売上の予算が必要となります。なぜなら、売上に応じて仕入れが決まり、それに対応して売掛金と買掛金の発生予測も可能になるからです。また、給与などの未払金についてもおおよその見当がつけられるはずです。

　この中で、一番難しいのが、売掛金と買掛金の予測です。難しいというより、手間がかかるといった方がいいかもしれません。売上から売掛金を予測するためには、得意先別の売上金額が必須です。また、それに対応する売掛金回収サイトも必要です。したがって、得意先別の月別売上予算を立てることが先決となります。そのためには、昨年の得意先別売上実績を基に精度の高い売上予算を立てることになります。資金繰りの性格から言って、楽観的な売上予算を立てるよりは保守的な予算を立てることが望ましいので、営業部門と打合せをしながら一つ一つの得意先の売上予算を精査していく作業が必要となります。

　買掛金も同様の手順で作り込んでいきます。売上予算が出来たら、それに対応する仕入予算ができます。その仕入予算を仕入先別にブレイクダウンして、さらに、支払サイトを加味して買掛金の支払い予測を立てることになります。ここは、調達部門と一つ一つの仕入先ごとに精査していくことが必要となります。

---

[17]　図6-1では経常外収支を加えています。

つまり、資金繰り予測を立てるためには、売上の詳細な予算と仕入れの詳細な予算が必要であり、さらに、それぞれの回収サイトと支払サイトが紐付いている必要があるのです。中小企業といえども得意先や仕入先の数は少ないとは言えず、それらをきめ細かく管理していくことは簡単なことではありません。

　では、資金繰り計画表を簡単に作る方法はないのでしょうか？　一番簡単な方法はシステム化することです。売上予算に回収サイトを連動させて、売上予算をインプットすれば回収金額が計算されるシステムを作れば売掛金の回収予測も自動的に計算されます。同じように、仕入予算に支払サイトを連動させれば、買掛金の支払い予測も自動的に算出されます。これらのシステムは、社内にエクセルのマクロなどを組める人材がいれば作れるレベルでしょう。もし、そのような人材がいない場合は、外部に発注することになりますが、この程度の開発ならば比較的安価に作ってもらえると思います。

　本書の第四章で売上管理のやり方を紹介しましたが、得意先別商品別売上管理表に上記の回収サイトをあらかじめ組み込んでおけば、売上予算を組めば自動的に資金繰りの予測も出来あがるということになります。人手でやると大変面倒な仕事ですが、比較的安価なシステム投資で大きな効果を得ることが可能となります。

　一方、システム化をしない場合でも比較的簡単に資金繰り計画表を作ることは可能です。得意先を分析してみると、多くの中小企業の場合、上位10社もしくは20社程度に売上金額の８割程度が集中しているケースがほとんどです。つまり、全ての得意先の回収サイトを管理する必要はありません。得意先を一年間の売上高順に並べてみて、上位顧客をＡランク、中位顧客をＢランク、その他顧客をＣランクと分けてみてください（この方法を ABC 分析といいます）。このうち、Ａランクのみを個別に管理することにし、Ｂランク、Ｃランクの顧客はまとめてひ

と塊として管理します。Bランク、Cランクの顧客の回収サイトは平均的な回収サイト（例えば翌月末回収）に固定してしまいます。このようにすれば、全ての得意先の回収サイトを管理する方法に比べ手間は激減します。もし、余裕があれば、Bランクの顧客にも個別管理をしていきます。同様に、仕入先についてもABC分析を導入していけばよいのです。

　業種によって顧客の数は違うでしょうし、ご自分のビジネスの形態にあわせて、システム化を選択するかABC分析による人手管理をするか、あるいは、双方を組み合わせるかを決めて導入してみてください。

3．在庫管理の重要性

　いままで、資金繰り計画表の作り方を見てきました。資金繰り計画表は、今後、自社の資金がどうなっていくのか、を「見える化」するものです。そして、資金繰り計画表は、売上予測からスタートしました。予測どおり売上が作れれば問題ありません。しかし、予測どおりにならない場合、とりわけ売上が予測より少ない場合はやっかいなことになります。

　売上が予測より少ないということは、売上額が減少して利益が悪化するというマイナス要因となります。しかし、マイナス面はそれだけではありません。小売業を例にとれば、売上を作るためには商品が手許にあることが大前提です。そのため、店舗には在庫を置いておくことになります。この在庫がもうひとつのマイナス要因となるのです。

　通常、売上予算がある場合、店舗では売上予算を賄えるだけの在庫を置いておくことになります。あるいは、製造業であれば、材料を仕入れて製造の準備に取り掛かることになります。いずれにしても会社内には在庫が存在している状態です。この状態で売上が予算を下回った場合、在庫がそのまま残ることになります。

在庫が売れ残っても次の月に売れる見込みがあればまだ良いのですが、例えば季節限定商品などで、来月以降には売れる見込みの立たない商品である場合はどのようなことが起きるでしょうか？　そうです。ずっと売れ残ったままになります。

　在庫がずっと残ったままという状態は、資金的に見てどのようなことを意味するのでしょうか？　在庫は仕入先に代金を支払わなければなりません。また、製造業であれば、材料の仕入れ代金だけでなく、その製造にかかる人件費や光熱費などもかかっています。つまり、在庫は資金という別の角度から見れば、「お金のかたまり」という見方ができます。大事なのでもう一度言います。「在庫はお金のかたまり」です。社内の在庫をあらためて眺めてみてください。いままでとまったく違った認識を持たれたのではないでしょうか？

　つまり、在庫が残り続けるということは、お金のかたまりが社内に残り続けていることを意味します。お金は在庫を販売してお客様から代金を頂くことで回収されます。お客様に販売しない限りお金は回収できないのです。当たり前のことですが、在庫はモノなのでお金という認識がされないケースが多いのです。社内に残っているお金のかたまりは言うまでもなく資金繰りを直撃します。在庫が増えれば増える分だけ資金がショートしていくことになるのです。

　では、在庫はどのように管理していけば良いのでしょうか？　気の早い方は「在庫はお金のかたまりなのだからゼロにしないとダメだ！」と思われるかもしれません。しかし、それは早計というものです。むしろ、在庫をゼロにすることで欠品が生じて他の店に売上を取られる可能性が高くなります。では、中小零細企業にとって最適な在庫管理方法とはどういうものでしょうか？

　在庫管理の基本は「必要最低限の在庫を持つ」ということです。そん

第六章　資金管理

なの当たり前じゃないか、と思われるでしょう。しかし、どの水準が必要最低限なのか、を判断することは意外に難しいのです。まず、必要最低限の意味を考えてみたいと思います。必要最低限の在庫とは、ある商品の売上に対して多すぎることもなく少なすぎることもない、という水準のことをいいます。仮に商品Aが一日に100個売れると仮定すれば、前日の閉店時には100個の商品Aの在庫を持っていなければならないことになります。つまり、この場合の必要最低限の在庫数は100個となります。しかし、ことはそれほど簡単ではありません。毎日100個のA商品を在庫で持つためには、毎日、商品Aを仕入れる必要があります。しかし、毎日配達してくれる仕入先はそう多くはないでしょう。通常は、週に一回もしくは月に一回の配達となります。仮に仕入れが週に一回だとすれば、100個×７日分＝700個の在庫を持つ必要があるのです。また、製造販売業の場合であれば、商品Aを自社の工場で作る時間も考慮に入れる必要があります。商品Aを製造するのに３日かかるとすれば、100個×３日＝300個の在庫が必要ということになります。このような必要最低限の在庫数のことを「基準在庫」と呼びます。

　また、商品を調達するためにかかる時間をリードタイムといいます。つまり、在庫の必要最低限の個数は、その商品の販売数量とリードタイムを勘案して決める必要があるのです。トヨタのカンバン方式はリードタイムを極限まで減らす工夫をしているのです。つまり、必要なときに必要な分だけを調達する（ジャストインタイム）方式です。中小企業においても、ジャストインタイムの考え方を知っておくことは大変重要です。私がコンサル現場でよくみかける光景は、「どうせ使うのだから一度に大量に買っておく」、というものです。その方が買いに行く手間や発注する頻度が減るため効率が良いと考えるのです。また、大量に買うことで単価が下がるケースもあります。このような購買行動は一見正しいように思えます。しかし、「在庫はお金のかたまり」、「ジャストインタイム」という考え方を知っていれば違う判断となるでしょう。在庫がたまればその分の保管スペースも必要になります。必要なときに必要な

分だけ買うことで無駄なお金を社内に寝かせておくことを防ぐことができるのです。

　在庫の管理方法をまとめてみたいと思います。在庫の管理の方法は、基準在庫を決めてその分だけの在庫を持つことです。基準在庫数は、その商品の販売予測数量とリードタイムを掛けあわせて決めることになります。つまり、販売予測の精度を上げることとリードタイムを短縮することで、基準在庫は下げることができます。販売予測の精度を上げることは、売上予算の精度を上げることによって可能です。売上管理の重要性はここにもあらわれてきます。リードタイムの短縮は、仕入先との交渉や自社工場の工程改善などで実現することが可能です。

　在庫管理は、販売活動、調達活動、生産活動、資金調達活動のすべてに関わるものです。逆に言えば、適正な在庫管理を実現すれば、会社の主だった活動をすべて良化することができるということなのです。在庫管理の重要性を今一度かみしめていただきたいと思います。

4．在庫管理の方法

　今まで在庫管理の重要性について見てきましたが、ここでは、具体的な在庫管理の方法について見ていきたいと思います。
　在庫管理の基本的な第一歩は「棚卸」です。棚卸とは、何が、何個残っているのかを数えることです。棚卸をする理由は二つあります。一つは、何が在庫として残っているかを知るためです。もう一つは、会計上の利益を確定するためです。会計上、期末の正確な在庫をカウントしないと正しい利益が算出できないのです。そのため、少なくとも年一回、期末に棚卸をして在庫を確定する必要があるのです。ところで、棚卸は年一回で良いのでしょうか？　棚卸をしないと正確な利益が出ないのであれば、毎月の月次決算においても棚卸をする必要があるはずです。さもなければ、正しい月次の利益が算出できないからです。ところ

が、中小企業とりわけ製造業においては毎月棚卸を実施している会社は少数派なのです。なぜでしょうか？　その答えは「手間がかかる」からです。

　中小企業といえども原材料や部品や包装資材などは多岐にわたりますし、その在庫数は少ないとは言えません。結果として、棚卸は年一回の期末の大仕事になってしまうということです。しかし、毎月の棚卸を行わないということは正しい利益が算出できないということを意味します。それは一体どういうことなのかと疑問に思われる方もいるでしょう。毎月の棚卸を行わないと利益はどうなるかを図で紹介したいと思います。

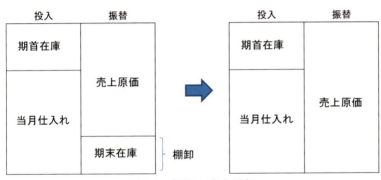

図6-2　棚卸と売上原価

　図6-2は売上原価をブロック図で表したものです。まず、左側のブロック図をみてください。月はじめに残っている在庫（期首在庫）に当月購入したものが足されます。これが投入の合計です。ここから、月末に残っている在庫を差し引けば、売れたものに対応する売上原価が算出できます。次に右側のブロック図を見てください。これは月末に棚卸をしない場合です。棚卸をしないため、期末在庫が差し引けないので、売上原価が投入と同じ金額となっています。つまり、売上原価が大きくなるのです。売上原価が大きくなると、その分だけ利益が減ります。つま

り、棚卸をしない場合は利益が実際より少なくなるのです。中小企業の平月の11カ月間はこのような状態で経営をしているということになります。

　では、中小企業において、毎月の棚卸を簡単にやる方法はないのでしょうか？　このヒントは先の資金繰り計画表にあります。売掛金や買掛金の予測で活用したABC分析を在庫管理でも行うのです。在庫のうち、単価も高く全体の在庫金額の7〜8割を占めるものをAランクとし、中間的なものをBランク、単価は低いが数量の多いものをCランクに分けます。蒲鉾工場でいえば、Aランクは魚のすり身が該当します。また、包装資材などは単価が低い割に数量が多いのでCランクとなります。Aランクについては、毎月棚卸を行うことにします。Bランク、Cランクについては毎月の棚卸は割愛します。Bランク、Cランクのものについては、月初と同じ数量だけ月末に残る、という前提で会計処理を行います。

　また、棚卸と併用することで大きな効果があるものがあります。それは「帳簿」です。帳簿は有高帳もしくは受払管理表とも呼ばれるもので、購入、使用の都度、日付、数量、単価を記録していくものです。倉庫の前に記録表をそなえつけておいて、出し入れした担当者が必ず記録するようルールを決めて導入します。因みに、ルールはとても重要です。ルールを決めずに帳簿を導入しても長続きしません。いずれ、誰も書かなくなるのです。帳簿をつけておくと、月末の理論上の在庫数がわかります。理論上の在庫数と棚卸の結果の在庫数は一致するはずですが、記録漏れや在庫の紛失等で合わない場合があります。これを「棚卸誤差」といいます。棚卸誤差があった場合はかならず原因を突き止めて再発防止につとめます。

　では、例で帳簿をみてみましょう。

　図6-3は継続記録法と呼ばれる帳簿です。3月31日に単価10円の在

日付	購入		払出		残高	
	数量(個)	単価(円)	数量(個)	単価(円)	数量(個)	単価(円)
3月31日					100	10
4月1日			50	10	50	
4月10日	100	11			150	
4月13日			90		60	
4月14日			30		30	
4月18日	150	12			180	
4月19日			100		80	
4月20日			30		50	
4月30日	50	13			100	

図6-3　継続記録法

庫が100個あります。4月1日に50個使用していますので、在庫は50個となります。また、10日に100個の仕入れをしています。よって、10日の在庫は150個となります。このように、仕入れの都度、払出の都度記録することで正確な在庫がカウントできます。結果として、30日の月末在庫は100個であるということがわかります。

　次に、30日の在庫の単価をみていきます。在庫金額は数量×単価ですので単価が決まらなければ在庫金額も決まりません。では、30日の100個の単価はどのように決まるのでしょうか？　実は単価の決め方は複数あるのです。最も一般的な方法は「先入れ先出し法」と呼ばれるものです。つまり、先に仕入れたものから順番に使用するという前提でカウントする方法です。食品工場などの原材料は、品質保持の観点から先に仕入れたものから順に使うことは鉄則です。では、先入れ先出し法で図6-3をみていきます。

　1日の在庫は期首の10円のままです。10日の在庫は11円で仕入れた在庫と10円の在庫が混在しています。つまり、11円のものが100個、10円のものが50個で合計150個です。13日には90個使用されています。先入れ先出しなので、90個のうち50個は先に仕入れた10円のものが使われます。残りの40個は11円のものが使われ、在庫として残ったものはすべて11円となります。このように順にみていくと30日の在庫は12

円のものが50個で13円のものが50個となります。結果として在庫金額は（12円×50個）＋（13円×50個）となり合計1,250円となります。

　その他の単価の設定方法には「総平均法」、「移動平均法」、「最終仕入原価法」などがあります。それぞれ一長一短ありますが、実務でよく使われる方法は「最終仕入れ原価法」です。これは、最後に仕入れたものの単価で在庫金額を評価するというものです。よく使われる理由としては、第一に計算が簡単であるということ、また最後に仕入れたものは在庫に残りやすいことと市場価格にも近いということで大きな誤差も生じにくいことがあげられます。因みに、図6-3を最終仕入原価法で計算すると、13円×100個で1,300円ということになります。

　継続記録法のメリットは、月末の在庫の数量がわかるだけではなく、月中での在庫の動きも見えることで、発注のコントロールが出来るという点にあります。例えば、月初にドンと大量に買って月末まで使っている場合は、発注を細分化して一度に買う数量を減らすアクションをとります。また、週に一度購入しているがいつも同じ数量が週末に在庫で残っているというケースもあります。そのような場合には、一度の発注数量を減らすというアクションをとります。つまり、発注の見える化による無駄な在庫の削減が可能になるのです。

　大企業では、在庫管理はシステムで行っています。特に製造業では、生産管理システムの要として在庫管理システムを構築しています。では、中小企業でもシステムによる在庫管理は可能なのでしょうか？　結論から言えば否定的にならざるを得ません。システム投資には多額の費用がかかるということもありますが、問題はその点だけではないのです。仮に設備投資にかける資金が潤沢にあるとしても、在庫管理システムの導入には慎重を期すべきです。その理由は、運用面にあります。システムを導入すればあとはすべてシステムが自動的にやってくれる、ということはありません。それは幻想です。むしろ、運用にこそ人手がか

第六章　資金管理

かるのです。中小企業といえども、製造業の在庫管理は複雑です。共通に使用する原材料の振り分けや、工程移動にしたがって形を変えていく原材料の在庫移動管理などは、製造業専門でシステムを開発したSE（システム・エンジニア）でなければ作り込めないものです。そして、その運用にはそのシステムを完全に理解した担当者が最低一人ははりついていなければ使えないのです。実際に運用を開始してからの改良やシステムの不具合は頻繁におきます。その都度、迅速に対応できる担当者がいなければ、結局そのシステムは使いこなせず、宝の持ち腐れとなってしまうのです。

　以上のことから、中小企業における在庫管理の具体的方法は、ABC分析による選別をしたのちに、Aランクについては、継続記録法と毎月の棚卸を実施すること、B、Cランクについては、期末の棚卸で対応すること、となります。

　最後に、在庫の適正水準を管理する手法をご紹介します。それは「在庫回転率」という指標です。在庫回転率とは次の式で計算します。

　　　在庫回転率＝売上高（売上原価）÷期中平均在庫金額

　在庫回転率とは、一カ月または一年間の売上を上げるために在庫が何回転したかを表す指標です。例えば、一カ月の売上高が3000万円として、平均の在庫金額が600万円とすれば回転率は3000÷600＝5回転となります。もし、在庫が500万であれば、回転率は3000÷500＝6回転となります。在庫回転率は大きい方がいいのかそれとも小さい方がいいのでしょうか？　一般的には回転率は大きい方が良いとされています。なぜなら、その分、効率よく在庫という資産が回っているからです。在庫の金額が小さくなればなるほど回転率は上がります。それは、在庫が滞留する時間がどんどん短くなることを意味します。仕入れたあるいは作った在庫がすぐに販売されて売上として回収されるということです。

逆に回転率が低いということは、仕入れた在庫が売れ残っている期間が長いということを意味します。この例でみれば、同じ売上3000万円を獲得するために在庫が600万円と500万円のどちらが良いかといえば、明らかに6回転する500万円が良いということになります。先に「在庫はお金のかたまり」といいました。お金が長く会社の中に滞留しているよりも短い方がいいということなのです。

　また、よく似た指標に在庫回転期間というものがあります。計算式は次のとおりです。

　　在庫回転期間
　　　＝期中平均在庫金額÷売上高（売上原価）×365日（30日）

　これは、在庫が何日分の売上高に相当するかをみる指標です。年間売上高でみたい場合は365日をかけますが、1カ月であれば30日をかけることになります。先の例でみれば在庫回転日数は500÷3000×30日＝4.99となり約5日分の売上相当分の在庫を持っているということになります。5日×6回転は30日ですので合致します。つまり、売上の5日分しか在庫を持っていないことになります。何日分の売上に相当する在庫なのかがわかるため、回転率よりイメージしやすいかもしれません。

　一般的に在庫は少ない方が良いのですが、先にもみたとおり、バランスが大切です。お金のかたまりといえども、なければ欠品となり売上を逃してしまいかねません。大手企業はどこでも在庫管理が徹底しているために、店頭に最小限の在庫しかおいていないことが多いのです。欲しいものが売り切れの場合は取り寄せになりますが、すぐに欲しい顧客ニーズに対応できません。もし、いついっても欲しいものがすぐに手に入るという店があればどうでしょうか？　顧客の立場からすれば、ありがたいと思うでしょう。この場合、在庫の数量は戦略的意思決定となります。競合他社が常にギリギリの在庫しか持っていない状況なら、あえ

て、在庫を潤沢に持つことで顧客を取り込むことが可能です。資金の調達力や金利負担など総合的に勘案しても元がとれる売上を上げることが可能と見込むならば、戦略として十分に成り立つでしょう。

　地域に密着する中小企業は、在庫管理の基本を理解したうえで、お客様のニーズにきめ細かく対応できる柔軟な在庫管理が求められているのです。

コラム6

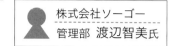

株式会社ソーゴー
管理部 渡辺智美氏

〈資金繰り計画表〉

　当初、「資金繰りとは資金不足になった時に社長が調達する」くらいの考えでした。3年前に初めて資金繰り計画表を作成することになり、前年度の実績をまとめることから取り掛かりました。結果の数字を項目に振り分け一覧表を作成するので、さほど難儀はしませんでした。しかし、いざこの先の資金予想となると、そう簡単にはいきません。売上高は予算で数字はあがっていますが、売掛金回収となると得意先ごとに回収サイトが違う、今月入金になる額、1カ月後入金になる額、2カ月後……買掛金も支払サイトがまちまち……預り金に立替金……etc。混乱の日々の始まりです。気が遠くなりそうでしたが、売掛金・買掛金とも取引先ごとのサイトを調べ振り分けました。実績欄も加えて毎月比較しています。次に見込予告を設け、毎月1カ月後の見直し、確認・修正を行っています（目下の目標は3カ月後までの見直しです）。今でも常に苦戦している資金繰り計画表ですが、以前のように漠然と「資金は大丈夫かな〜？」と不安を抱くことはありません。

　資金は常に動きます。売上、仕入、人件費、経費……増えたり減ったり、この増減を把握して資金ショートを回避し、経営自体の改善に繋がると良いと思っています。

　資金繰り計画表を作成するにあたり、資金計画・経営計画の大切さを改めて実感しています。現在はキャッシュフロー表（ワンシートマネープラン）とブロックパズルに挑戦しています。

〈在庫管理〉

　弊社では製造部門の材料と、商事部門の商品があり、毎月月末に在庫を調べています。材料の在庫は種類も多く在庫としての期間も長いため管理は大変です。商品の在庫においては基本的に受注発注なので在庫数は少ないですが、メーカーに保管している商品が、比較的高額なことも

あるので見落としがないように注意を払っています。現状は「月末に数字を取る」ということくらいで、まだまだ管理の域には達していません。在庫管理はキャッシュフローにも繋がるということから、「在庫はお金のかたまり」を合言葉に、社員全員が意識し過剰在庫・滞留在庫等を作らない・見逃さない管理を目指したく思っています。

第七章　予算管理の導入

理論編

1. 予算とは

　予算とは、端的に言えば、次期の収益、コスト、およびその差額としての利益に関する財務計画ということになります。予算は、部門ごとに編成されて、全社の予算に統合されます。つまり、部門ごとに収益とコストの両面について財務的な計画を立てていくことが、予算の出発点となり、すべての部門の予算を合算すると予算の編成は完了します。なお、多くの場合、予算は売上予算（販売部門の予算）から編成され、売上予算を達成するために必要とされる製造予算（製造部門の予算）が編成されます。各部門間の予算を整合的にするためにも、このような手順が踏まれることが一般的です。

　しかし、予算を編成すること自体には意味があるわけではなく、編成された予算をいかに達成するように実行していくのかというところに力点が置かれていることは言うまでもありません。PDCA サイクル（plan-do-check-action サイクル）と呼ばれるマネジメントサイクルがありますが、このサイクルを回して、予算の達成を目指すわけです。このような、PDCA サイクルを回して管理していく具体的かつ統合的な管理手法の代表格が予算となります。

2. 予算の機能

　一般に、予算には、計画機能、統制機能、調整機能と呼ばれる３つの機能があると言われています。

120

第七章　予算管理の導入

　計画機能とは、将来の財務的計画を見える化する機能のことを言います。予算があるから、財務的計画が見える化されるということです。

　統制機能とは、いわゆる PDCA サイクルを回すことで経営活動をより良いものにしていく機能のことを言います。すなわち、予算があるから、予算数値を目標としてさまざまな活動を実施し、計画通りにいかなかった点を改善するための活動に取り組むことができるようになるわけです。なお、予算数値は、単なる予測値ではなく、「目標値」としても位置付けられるため、その水準設定には注意する必要があります。つまり、厳しすぎると従業員は目標達成を早い段階で諦めてしまいますし、易しすぎると従業員から目標達成のための努力を引き出すことができません。目標設定の水準が大切です。

　調整機能とは、予算の編成を通じて、組織内の上位者と下位者、および、部門間のさまざまな計画や実績のすり合わせが行われる機能のことを言います。予算の編成を通じて、上位者は下位者に意向を伝え、下位者は上位者に現状を説明できます。また、予算のような統合的な財務的計画の仕組みがあるからこそ、販売部門と製造部門がそれぞれの役割に基づいて計画をすり合わせることが可能となります。

3．予算の編成方法

　予算の編成には、時間と手間がかかります。編成の方法には、トップダウン型とボトムアップ型があります。いずれの方法にもメリットとデメリットがあり、どちらが良いのかというのは一概には言えません。

　ボトムアップ型の予算は、現場主導型となりますので、現状をベースにした現実的計画を立てるのに適しています。また、現場の従業員が予算の編成にかかわりますので、予算に対する現場のコミットメントの程度も高まります。ただし、デメリットもあります。すなわち、予算は計

画であると同時に目標ともなるため、現場が主導して予算を編成しようとすると、より高い目標を設定することを避けようと、様々な駆け引きを行う可能性が高くなります。また、通常業務の中での予算編成は負担も重く、時間もかかります。

　トップダウン型のメリットとデメリットは、その逆となります。つまり、トップが主導して予算を編成すれば、編成はスピーディに行われ、かつ、組織内のつまらない駆け引きも生じません。これらの点はメリットといえるでしょう。ただし、大きな組織となるほど、トップは現場から離れることになりますので、現場の実態に合った計画、すなわち目標値をうまく設定できなくなる恐れが出てきます。また、トップダウンの予算は、現場からすると「やらされ計画」となりがちなため、予算に対するコミットメントの程度が低下しがちです。

　いずれにしても、トップダウンかボトムアップかは、程度の問題です。中小企業が、初めて予算管理を導入しようとする場合、現場には予算編成に関する経験がありませんから、ある程度トップダウンの形にならざるを得ません。とはいえ、いつまでもトップダウンでよいのかといえば、そうとも言えません。やはり、現場が自ら予算編成を行っていけるような自律的な組織となることを目指すべきでしょう。ただし、現場が予算編成を行うようになって、一定の期間を経ていくと、予算管理が制度疲労を起こす場合もありえます。すなわち、先述したような予算をめぐる駆け引きが組織内に横行し始める可能性があります。そういう事態に直面してしまった場合は、再び、トップダウン型に戻す必要が出てくるかもしれません。

　したがって、トップダウンかボトムアップかという点に関して言えば、企業の状況によって、どちらの色彩が強く出るか異なってきますし、揺らぎも生じるでしょう。ただしどちらの色彩が強い場合であっても、完全なトップ任せ、あるいは、完全な現場任せ、といった形ではな

第七章　予算管理の導入

く、予算編成を通じた、トップと現場のコミュニケーションを重視するという視点が大切になってくるものと考えられます。

実務編

1．予算管理の意義

　この章では予算管理の導入について見ていきたいと思います。予算管理は中小企業の管理会計導入の一つのゴールです。その意味で、今まで見てきた第一章から第六章までの集大成と言えます。売上管理、原価計算、資金管理という個別の管理を、すべて一つの予算という枠組みの中に有機的に組み込む作業といえるでしょう。個別の管理はそれぞれ一つの世界で完結するのではなく、会社という組織のなかで他の管理項目と密接に関わりを持っています。それらを総合的に、ある「一定の期間」の中で、連動させながら作り上げるものが予算です。したがって、個別の管理が出来ていないと全体の予算もいびつなものになってしまうのです。そういう意味でも、予算管理は一つのゴールといえるのです。

2．予算管理の全体像

　予算管理は個別の管理の集大成であると言いました。では、予算管理はどのような領域をカバーしているのでしょうか。中小企業における予算管理の体系を紹介します。

123

予算の種類		担当部門	予算種類	方法
【損益予算】	販売予算	営業部門	得意先別商品別販売予算、販売経費予算	積上げ
	製造予算	工場部門	製造計画、在庫計画、要員計画、製造経費計画	積上げ
	一般管理費予算	各部門（経理）	その他販売費・一般管理費予算	積上げ
【資金予算】	資金繰り計画表	経理部門	資金繰り計画表	
【資本予算】	設備予算	社長直轄	設備投資計画、資金調達計画	
	投資予算	社長直轄	M&A計画、資金調達計画	
【全体調整】		経理部門	目標への落とし込み	

図7-1　予算の全体像

　図7-1を見ていただければわかるように、予算管理は大きくわけて三つの予算からなります。一つは損益予算です。損益予算は一番イメージしやすい予算となります。損益予算は販売予算、製造予算、一般管理費予算に分かれます。時系列的には、販売予算→製造予算→一般管理費予算という順番になります。それぞれの担当部門が積上げ方式で予算を見積もって作成します。また、各部門の予算はそれぞれの部門における鍵となる現場データの目標値も作成します。例えば、製造部門であれば「生産高」や「在庫回転率」および「歩留まり率」などがあります。また、調達部門であれば「調達コストダウン率」などがあります。これらの現場データは材料費や経費などの財務数値をコントロールする指標となります。財務数値を事前にコントロールする現場データのことを「先行指標」と呼ぶことがあります。

　次に、資金予算があります。これは第六章で見た資金繰り計画表を作成する予算管理です。これは主に経理部門での作成になります。これも、損益予算を受けてそれぞれの計画に対応する形で予算を作っていきます。

　最後に資本予算です。資本予算は、設備予算と投資予算に分かれます。これは主に社長が受け持つ予算となります。また、設備投資とM&Aは資金調達が必要となりますので、資金調達計画も併せて作ることになります。この場合は、資金繰り計画表に反映することになりま

す。

　予算編成は、一度で終わることはまずあり得ません。各部門から積上げで出された予算を経理部門でまとめると目標に届かない場合が多いからです。その場合は、経理部門が音頭をとって、予算の修正を各部門に通達することになります。修正を何度か経てようやく目標値に落ち着く予算が組まれます。この修正を繰り返す過程において、経理部門には情報が蓄積されていきます。また、各部門とのコミュニケーションが密に行われることから社内の各部門間での風通しも良くなるのです。その意味で予算管理はコミュニケーションツールでもあるのです。

３．実績の集計が第一歩

　予算管理を導入するためにはそれなりの準備が必要となります。売上管理のところでもみましたが、いきなり売上予算を立てることは不可能だからです。まずは、実績を確認することからスタートする必要があります。私の経験では、中小企業に予算管理を導入するためには最低でも３年の年月が必要です。

　つまり、最初の一年で実績の集計を行います。必要な現場データを見つけ、その実績データを一年間集計していきます。次の一年で、それぞれの実績データの過去対比を行います。昨年の実績と今年の実績を比較検証していくのです。「なぜ、昨年より増えたのか？」「なぜ昨年より減ったのか？」その理由を一つ一つ検証することで、そのデータの背後にある真の理由を探り当てていくのです。そして、三年目でようやく、翌年の予算を導入していきます。一年目、二年目のデータを見ながら翌年の予測を見積もっていくのです。その際には、二年目で行った「なぜ増減したか？」という分析がモノを言うのです。数字の予測をするための判断材料がその分析の中にあるからです。

例えば、修繕費が一年目と二年目を比較して増えていた場合、その原因として老朽化した機械の修繕費がかさんだという事実があるとします。この場合、三年目の予算ではその機械の状況を精査して、「新しい機械に取り換える」のか「このまま修繕費をかけながら使う」のかを判断することになります。結論として、「まだ使用できるので、昨年並みの修繕費を計上しておく」ということになったとします。ここに二年間の比較の意義があるのです。実績どうしの比較検証を経ぬまま予算を立てると根拠のない数字となり、結果として精度の悪い予算を積み上げることになります。これでは、ただの数字遊びとなってしまい、PDCA サイクルが回らないのです。PDCA サイクルが回らないと月次の業績検討会でも身のある議論ができなくなり、会議自体が無駄な時間となります。結果、予算自体も形骸化していき、最後には予算管理をやめてしまうことになるでしょう。

　中小企業の管理会計導入全般に言えることですが、最初に手間をかけることで、あとから大きな成果を得ることができます。要点は「急がば回れ」です。

４. 見える化→考える化→行動化

　予算を作る段階で実績の集計が必要と言いました。しかも、一年だけでなく二年間の実績の比較をすることが大事だと言いました。一年目と二年目を経て三年目の予算に行く流れです。このホップ・ステップ・ジャンプの期間にこそ管理会計のエッセンスが隠されているのです。それが「見える化」→「考える化」→「行動化」というサイクルなのです。

　一年目で、各現場のデータを集めることで現場が「見える化」します。そして、二年目で昨年のデータと比較することで「考える化」が起きます。「なぜ、昨年より増えたのか？」または「なぜ、昨年より減ったのか？」を考えることになるのです。つまり分析が始まります。そして、三年目に予算を作ることで「行動化」が起きます。「来年はこのス

トーリーで実践してみよう」という行動に繋がるのです。

　例えば、売上について考えてみましょう。まずは一年目。得意先別商品別売上一覧表を作ることで現状が「見える化」します。ここでは、現状を確認するだけですが、それで十分です。勘に頼っていたものがデジタルな数字に置き換わるだけでも大きな収穫です。次に二年目です。二年目の終わりには得意先別商品別売上一覧の対前年比較表がほぼできあがります。そこで「なぜ、この得意先のこの商品の売上が増えたのか？」を考えます。そして自分なりの分析を行います。次に三年目です。二年目の終わりに行った分析を三年目の予算に繋げます。来年は「訪問回数を増やして新商品を提案しよう」というストーリーをつけながら予算数値を作り込んでいきます。このように、一つのデータの発見から比較検証を経て次年度の行動につなげるというサイクルが回り出すのです。

NO	得意先 得意先名	4月 伝票 27年度	28年度	29年度	予算	4月 封筒 27年度	28年度	29年度	予算	4月 名刺 27年度	28年度	29年度	予算	4月 ゴム印 27年度	28年度	29年度	予算
1	110252									2,000	1,000	3,000		1,000			
2	110311					195,000	79,560	75,000		10,500	16,500	3,000			68,920		
3	110352	11,000								5,000	10,000	26,500					
4	110420										1,500	5,400			210	3,420	
5	110600	58,000				22,000				6,000	4,000						
6	111140	34,600	33,000	21,000													
7	111160							12,000		2,000	5,000	3,000					
8	111200									7,400	9,000	9,000					
9	116001									29,500	50,000	33,000				1,950	
10	119001							5,000			6,500	9,500		240		1,600	
11	120201	103,000	60,000							2,000				1,790	3,900	960	
12	121200							14,500			3,000	3,000					
13	130201					14,000		19,500		5,000	40,000	2,500					
14	131170									6,000	2,500					1,840	
15	131190																
16	131200										6,600	8,400					
17	149001									31,104	17,034	33,104		2,520	420		
18	220001																
	合計	206,600	93,000	21,000	0	231,000	84,560	121,000	0	106,504	172,634	139,404	0	5,550	73,450	9,770	0

図7-2　営業予算用資料

　これは、会社の中のあらゆる予算策定の場面でも起こります。製造部門であれば原価の低減や在庫削減、品質向上などがあります。経理部門では一般管理費の削減や資金繰りの改善などです。会社のあらゆる部門で考え、行動するストーリーを作り始めるのです。いわば、体中に張り巡らされた毛細血管の中を血液が猛スピードでぐるぐる循環しているイメージです。体の隅々までフレッシュな血液が流れ込み、一つ一つの細

胞が活性化するのです。予算編成というのは単なる数字の集積作業ではありません。もっと動的でダイナミックな活動なのです。

5．予算編成会議による気持ちの見える化

　次に、予算編成を具体的にどのように進めていくのかを見ていきましょう。予算編成にはまとめ役となる事務局部門が必要です。一般的なケースでは経理もしくは総務が担当します。あるいは、経営企画室が担当する場合もあります。いずれにしても、この事務局の役割は非常に大きいのです。事務局の動き次第によって予算編成が生きたものになるか「ただの数字の寄せ集め」になるのかが決まると言っても過言ではありません。

　予算は、事務局から各部門に予算提出資料と予算編成日程を伝えるところからスタートします。予算提出資料には以下の項目を書いてもらいます。

項目	担当者	記載内容
①予算編成方針	部門長	部門目標及び今年の重点施策
②現場データ実績分析	担当者	当年の実績と予算または昨年実績との増減分析
③来年度現場データ予算	担当者	来年度の現場データ目標値
④当年経費実績分析	担当者	当年の実績と予算または昨年実績との増減分析
⑤来年度経費予算	担当者	来年度の部門経費予算案

図7-3　予算提出資料

　上記のように、①から⑤までの項目を記載してもらいます。②と③の現場データは、各部門によって異なります。例えば、営業部門であれば売上数値とその目標になります。また、売上に対して先行的に影響を与える現場データも書いてもらいます。例えば、顧客訪問回数や頻度などです。また、製造部門であれば、現場データは生産高や在庫回転率や歩留まり率などです。企画部門であれば新商品開発数や新商品開発会議の開催頻度などです。調達部門であれば、仕入れやコストダウン率となり

第七章　予算管理の導入

ます。④と⑤については、部門でコントロールできる経費が対象となります。営業部門であれば販売費及び一般管理費（人件費を除く）*18であり、製造部門であれば製造経費となります。

部門名	

①予算編成方針	

②今期の重点施策	1
	2
	3
	4

成果指標	今期実績	予算	差異	昨年実績	来期目標
1					
2					
3					

先行指標	今期実績	予算	差異	昨年実績	来期目標
1					
2					
3					

＜担当経費＞	今期実績	予算	差異	昨年実績	来期予算
旅費交通費					
時間外手当					
修繕費					
研修費					
消耗品費					
事務用消耗品費					
什器備品費					
支払手数料					
リース料					
接待交際費					
広告宣伝費					
光熱費					
その他					
計					

図7-4　予算提出資料（ひな形）

　事務局は各部門から期限通りに予算提出資料を受け取ります。期限が迫っても提出のない部門には催促を入れます。そして、必ず、期限通り

---

*18　人件費については採用がからむため、社長直轄もしくは人事担当部門で計画を立てることになります。

に出してもらうようにします。期限に遅れる部門を一度でも許してしまうと、予算編成はずるずる遅れることになり、いつまでたっても期限通りに作り上げることができなくなります。したがって、事務局はあえて嫌われ役になるくらいの覚悟でやることが必要です。

　資料が集まると、個別に予算編成会議を開催します。これは、事務局と部門長との間での調整会議です。実はこの会議がとても重要なのです。事務局は各部門長から予算の説明を受けます。説明を聞くなかで事務局は二つのことに注意を向けます。一つは、個別の数字の裏にストーリーがあるか？　です。二つ目は、全体のストーリーの整合性がとれているか？　です。つまり、個別の数字のストーリーが全体の方針としてのストーリーに結びついているかどうかを確認するのです。これがバラバラな場合は、部門全体の意思統一が図られていない場合が多いのです。事前の部門長による部門内調整ができていない証拠です。したがって、事務局は要所で質問を投げかけて、ストーリーの隙間を発見していかなければならないのです。ただし、事務局が詰問するような態度ではかえって逆効果になります。あくまでも、ストーリーの整合性を確認する、もしくは、ストーリーの完成を手助けするという気持ちで部門長と会話のキャッチボールを行うようにしてください。

　さて、ストーリーという言葉が頻繁に出てくることに気がつかれたと思います。これにはとてもシンプルな理由があるのです。それは、管理会計のエッセンスである「見える化」→「考える化」→「行動化」のサイクルと深い関係があります。考えて行動するためには、そこに一本の筋道が不可欠となります。「このように考えるからこういう行動をする」という因果連鎖がどうしてもなければなりません。それがストーリーということです。

　事務局は、部門長がどのようなストーリーを紡ぎ出そうとしているのかを注意深く聞く役回りなのです。つまり、部門長の気持ちを丁寧に確

第七章　予算管理の導入

認し、整理して、相手に戻すという作業をしなければならないのです。また、部門長は、この予算編成会議の前に、自部門のスタッフと同じことをやっておく必要があるのです。その場で、スタッフ一人ひとりのストーリーを確認し、整理して相手に戻すのです。

　各部門との予算編成会議が終わると今度は経営幹部による予算審議を行います。事務局では、各部門から再提出を受けた数字を会社全体の予算に組み上げていきます。そして、会社全体の予算資料を携えて、予算審議に臨みます。予算審議では、事務局から、全体予算の説明をします。また、その過程で、予算編成会議で確認した各部門のストーリーを補足説明します。説明を受けた経営幹部は全体予算の水準を見て、再度、予算編成の見直しを指示することがあります。その場合は、事務局から各部門にもう一段の改善を織り込んでもらうよう連絡し、再度数字を積み上げることになります。このサイクルを経て、最終的な予算が固まります。

　一連の予算編成を経ると事務局には膨大な情報が蓄積されます。情報とは、何度も言いますが、数字の裏にあるストーリーです。一人ひとりのストーリーが部門に束ねられ、そして全社に束ねられるのです。たとえれば、一本の木のごとく地中深く張った根の部分から高くそびえる枝から生える葉っぱの一枚一枚に至るまでの有機体のストーリーが事務局の手の中にあるのです。そして、その有機体のストーリーを整理して経営トップに伝えることが事務局の役割といえます。この過程を経ることで、予算編成事務局は経営トップの立派な右腕になることができます。そして、会社を縁の下から支える管理会計のプロフェッショナルとなるのです。

６．各種会議体によるPDCAサイクルの実践

　予算編成を皮切りに、各種の会議体を導入していきます。会議体は経

営トップが参加する全社的な会議体と各部門が主体となって開催する会議体に分けられます。

　トップが参加する会議は、「経営会議」、「方針発表会」などです。その他役員だけで開催する「役員会議」なども一般的です。役員会議は比較的規模の大きい会社で開催するケースが多いようです。

　一方、部門が主体となって行う会議体には「営業会議」、「工場業績検討会」などの各部門ミーティングがあります。また、部門間ミーティングとして「製造販売調整会議」、「新商品開発会議」などがあります。このほか、単発のプロジェクトミーティングなども並行して開催する場合があります。例えば、「間接業務改善プロジェクトミーティング」や「品質向上プロジェクトミーティング」などがあります。

　これらの会議の目的は、段階によって変化します。まず、初期段階では開催すること自体が目的となります。つまり、メンバーが集まって、お互いの意見を言うこと自体が目的となるのです。その際に役立つものが「現場データ」です。数字を見ながら意見交換することから始めます。最初は感想程度の意見でいいのです。

　次の段階では、現場データの分析を行っていきます。分析とは「なぜ、こうなったか？」を考えることです。ここでの注意点は、「正しいか正しくないか」というジャッジをしないことです。お互いが自由に言いたいことを言える雰囲気を共有することが大事です。例えば、誰かの分析が正しくなかったとしても、その意見を言ったこと自体を評価するということです。Ａさんはそのように思った、という事実だけ確認することです。そうすることで、Ｂさんが「自分はこう思う」という発言をしやすくなります。そのことがＣさんの発言を誘い、発言の連鎖が始まります。最後まで発言のなかった人には司会者が「○○さんはどう思いますか？」と水を向けてあげればいいのです。このように自発的な発言が生まれることで、自然と会話のキャッチボールができてきます。たまに紛糾することもありますが、その場合は司会者が方向を変えてあげる

第七章　予算管理の導入

ことで対処します。

　最後の段階は、行動に結びつけることが目的となります。具体的には「じゃあ、どうする？」ということです。分析が一通りおわって原因が特定できたあとは、その原因を取り除くことになります。その行動を促すのです。ここでも注意点があります。「じゃあ、どうする？」と司会者が問うたあとに、どんな答えが返ってきたとしても受け入れることです。たとえ的外れな答えであっても受け入れます。なぜなら、その答えの背景には本人の意思があるからです。本人の「こうした方が良い」という意思、すなわち、自発性があるのです。自発性こそ最も重要な要素です。やらされ感ではなく自らすすんでやるという意思を尊重することで、ものごとが前進します。「やってみてだめだったらまた違う方法を試せば良い」のです。それは本人が気付くはずです。そして、それは本人の経験となって蓄積されます。そして、この蓄積こそが会社の目に見えない財産となって、将来の収益に貢献するのです。

　以上のことを、一言で表わせば「PDCA サイクル」といいます。つまり、プラン ― ドゥ ― チェック ― アクションです。計画して、実行して、確認して、対策を打つ。このサイクルを回すことが会議体の目的となります。しかし、この PDCA サイクルは最初から回るわけではありません。会議体の経験のない中小企業にいきなり PDCA サイクルを回せといっても無理なのです。そのためには、順序を踏んで丁寧に導入する指南役が必要です。ここでも「急がば回れ」なのです。中小企業における管理会計導入は、その導入部分にこそ妙味があるのです。

コラム7

印刷業・事務機事務用品販売業
株式会社ソーゴー
代表取締役 山市喜雅氏

　3年前、弊社の経営状況が極めて厳しい折、㈱出塚水産の社長である出塚氏から紹介され、藤本コンサルタントの面談をしたのが縁でした。その後、藤本さんと契約、経営改善計画の準備段階から再スタートする中で、管理会計に出会うことになりました。そして藤本さんと篠田准教授による研究会の発足と同時に参加するようになりました。

　大半の中小企業には導入されていない管理会計は、見える化や社員一人ひとりが意識して経営する集団となるコミュニュケーションツールであるということを聴き、一目惚れというか納得しての研究会の受講となりました。

　弊社の顧客は、おおよそ1000社（個人も含む）に及びます。ゼロからスタートした初年度は、前年の得意先別、商品別（印刷18分類・商事10分類）売り上げ実績を過去の伝票からデジタルな数値に拾い上げる膨大な手作業での処理を断行しました。
　実担当者のデータ化作業には、本当に敬意を表したいと思います。

　そのお陰で、現在は曲がりなりにも予算管理の導入に漕ぎ着け、製造販売調整会議、新商品開発会議、経営会議が毎月実施されるまでになり、PDCAサイクルが回り始めています。この先は、さらに精度を上げて共有し、将来のために地道なデータの積み上げと、社員一人ひとりの意識の持ちようや純度を上げて、事例を紹介出来るまでに成長していきたいものです。

　コラムの依頼と共に、第一章から第八章の原稿を拝読させて頂き、体系的にさらにわかりやすい記述に、改めて研究会で教わったことも再度

学べ、実践にも役立つものと感じる次第です。

　多くの中小企業で、この管理会計の考え方を導入して頂き、力強い企業となりうる同胞としての仲間を増やす一助の書になるのではと確信しております。

第八章　BSC（バランスト・スコアカード）の導入

理論編

1. バランスト・スコアカードとは

　バランスト・スコアカード（以下、BSC）とは、1990年代前半に、ハーバードビジネススクールの教授であるロバート・キャプランと戦略コンサルティング会社の創立者であるディビット・ノートンによって提唱されたマネジメント・システムです。

　BSCは、当初、利益率のような典型的な財務情報以外の観点も取り込むかたちで、業績評価を行う仕組みとして提案されました。というのも、投資利益率などの財務情報を中心とした業績評価に偏ると、経営者らは、これらの数値の向上に寄与するような短期的な経営方針をとりかねなくなるからです。例えば、現在の利益率の水準の低下を気にしすぎて、長期的な視点から見ると必要と考えられても、すぐには成果が現れない、モノ、ヒト、情報などへの投資に対して、過度に消極的となってしまうといったようなことが起こり得ます。

　このような状況を危惧したキャプランとノートンは、「財務の視点」に、「顧客の視点」、「内部ビジネス・プロセスの視点」、「学習と成長の視点」という3つの視点を加えて、総合的に業績評価を行うことを提唱したのです。これらの3つの視点の評価に際しては、財務的な情報のみならず、非財務情報も活用して評価を行います。利益率のような財務情報は、企業の経営活動の成果、すなわち最終的な結果を示しているものともいえますが、この最終的な結果を得るために、どのような努力を行う必要があるのか、また、どのような努力が行われてきたのかという過

第八章　BSC（バランスト・スコアカード）の導入

程についても注目して、業績評価を行うわけです。

2. BSCの形式と４つの視点

　BSCの標準的な４つの視点とは、①財務の視点、②顧客の視点、③内部ビジネス・プロセスの視点、④学習と成長の視点、となります。これらの４つの視点は、「学習と成長」→「内部ビジネス・プロセス」→「顧客」→「財務」という時系列順で、成果が連動して現れてくるイメージで構成されています。従業員や組織が学習し、成長すると、優れた内部ビジネス・プロセスが構築可能となり、顧客に満足してもらえるようになることから、高い財務的成果が獲得できる、という大枠のイメージです。このような、タイムラグを考慮した企業経営全体の流れを見ていくことで、今すぐ成果に結びつかないけれども、将来、有益となることにも積極的に取り組むことが期待されるようになります。

　とはいえ、企業によってビジネスの内容や採用する戦略も異なりますから、これらの４つの視点の大枠のなかでも、注目すべき具体的なポイントは異なってくるはずです。そこで、BSCでは、これらの４つの視点ごとに、いくつかの重視すべき戦略目標を掲げていきます。このBSCが戦略目標と呼ぶものは、当該企業が、各視点において、重要な戦略的課題と考えている具体的なポイントということになります。ビジネスの内容や採用する事業戦略のタイプによって異なってくる具体的な項目です。

　さらに、各戦略目標に応じて成果指標を設定します。この成果指標は、必ずしも財務情報である必要はありません。設定した戦略目標の目標値と達成度を測ることができるものであれば、回数、時間、物量指標など、何でも構いません。このスコアカードを、全社単位のみならず、企業内の部門ごとにも作成することによって、部門の業績評価を実施することができるようになります。さらには、BSCが社内に定着すれば、

BSC を個人レベルに落とし込み、個人の業績評価にも利用可能になります。

BSC の基礎形式

（戦略目標、成果指標、目標値、達成状況は、例示にすぎません）

視点	戦略目標	成果指標	目標値	達成状況
財務	▪ 資本の効率的運用 ▪ 商品付加価値の向上 ▪ ×××	▪ ROA ▪ 売上高営業利益率 ▪ ×××	▪ 8％ ▪ 10％ ▪ ××	▪ 7.5% ▪ 8.7% ▪ ××
顧客	▪ 顧客定着率の向上 ▪ 新規顧客の拡大 ▪ ×××	▪ リピート率 ▪ 新規契約件数 ▪ ×××	▪ 50％ ▪ 10件 ▪ ××	▪ 60％ ▪ 7件 ▪ ××
内部ビジネス・プロセス	▪ 納期の厳守 ▪ 在庫管理の強化 ▪ 品質管理の強化 ▪ ×××	▪ 納期達成率 ▪ 棚卸資産日数 ▪ 不良率 ▪ ×××	▪ 100％ ▪ 30日 ▪ 0.2% ▪ ××	▪ 99％ ▪ 40日 ▪ 0.5% ▪ ××
学習と成長	▪ 従業員スキルアップ ▪ 現場改善提案の強化 ▪ ×××	▪ 研修実施時間 ▪ 改善提案件数 ▪ ×××	▪ 6時間 ▪ 1件 / 1名 ▪ ××	▪ 6時間 ▪ 2件 / 1名 ▪ ××

BSC は、その名の通り「スコアカード」ですので、BSC で取り上げられた成果指標に基づくスコアを総合的に評価することで、業績を評価しようとするわけです。もちろん、どのように総合的評価を行うのかについては工夫が必要となります。あらかじめ各視点の戦略目標ごとに重みづけを設定して、全体を包括するように得点化をするといったことも考えられますし、得点化などは行わずに単に全体を眺めつつ読み解くことで状況と課題を評価していくという考え方もあり得ます。部門のBSC を、その結果をもとに当該部門に属する従業員のボーナスなどの業績給部分に反映するといったようなインセンティブシステムと組み合わせて利用する場合は、総合得点を算定するための明示的ルールがあった方が良いでしょう。このような重みづけや得点化のルールなどには、これという唯一の正解はありませんので、ルールを構築しても、はじめ

第八章　BSC（バランスト・スコアカード）の導入

はうまくいかないかもしれません。実践しながら時間をかけて、企業ごとに納得度の高いものを徐々に構築していくほかありません。

3．戦略マップ

　BSCを構築する準備として、戦略マップと呼ばれるツールが利用されることがあります。戦略マップでは、4つの視点ごとに、まずは大まかな戦略テーマをあげて、各戦略テーマ間に想定される因果関係のような結びつきを可視化します。この因果関係は、主観的かつ仮説的なもので構いません。財務の視点で、「売上高を増加させる」という戦略テーマを設定した場合、それを実現するために、顧客の視点では、「顧客に差別化された製品を提供すること」を戦略テーマとするとしましょう。それを実現するためには、「差別化された魅力ある製品を開発する開発力の向上」を内部ビジネス・プロセスの戦略テーマとして、同時に、「従業員の開発能力の向上」を学習と成長の視点の戦略テーマとする、といった因果関係を想定したような流れを作り込むわけです。

　下記は、戦略マップのひな型です。このひな型を利用して、戦略テーマの絞り込みと、視点ごとの戦略テーマの間に想定される因果関係を

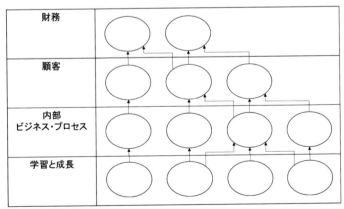

戦略マップの概略

可視化します。視点ごとにいくつか挙げられる戦略テーマを○で表し、テーマ間に因果関係が想定される場合は、矢印で結んでいきます。因果関係とは、このテーマが達成されれば、このテーマが達成される、といった関係のことです。この関係は複雑ですので、対応関係が1対1である必要はありません。いくつかの戦略テーマがあるでしょうが、最終的には、財務の視点の戦略テーマに集約されるように描くことがポイントです。

　この戦略マップの作り込み作業をすることで、BSCへの展開がより容易になります。というのも、戦略マップの作成を通じて、視点ごとの戦略目標の意味や関係について、より容易に理解できるようになるからです。

4．戦略とBSC

　BSCは、財務情報に偏ることなくバランスのとれた業績評価を行うための仕組みとして開発されたものです。しかし、BSCの利用が広がるにつれて、従業員の戦略理解の浸透、ひいては、戦略の策定や修正などにも役立つものとして認識されるようになってきています。

　単なる業績評価ツールとしてBSCを利用するのではなく、BSCを通じて、従業員が、業務を指示通り機械的に処理するだけという働き方から、自身の業務の意義を戦略と結びつけて理解し、考えて動けるようになるという変化が期待できます。

　また、財務的な成果を単に事後的に評価するというサイクルだけではなく、戦略を4つの視点に区分してブレイクダウンし、その因果連鎖を確認しながら戦略の遂行状況を確認することを通じて、当初の戦略で想定されなかったような状況がどこでどのように生じているのか認識しやすくなり、同時に、柔軟で臨機応変な是正的対応について検討もしやす

第八章　BSC（バランスト・スコアカード）の導入

くなります。このようなことを通じて、戦略の適切な修正も可能となるほか、当初は想定していないような新たな戦略（このような戦略を創発戦略と呼びます）が生まれる機会も得られる可能性が高まります。

　このように、BSCは、短期的な経営に陥らないようなバランスのとれた業績評価の仕組みとしてだけではなく、従業員の戦略理解を深めることで組織としての戦略実行能力を高めるための仕組み、あるいは、戦略の修正を図るための仕組みとしても機能する、統合的な管理会計技法として、注目を集めているわけです。

実務編

1. 戦略と予算管理の融合としてのBSC

　BSCはビジョンを達成するために生み出されたフレームワークです。ビジョンとは先に見たように3～5年後の具体的な目標でした。ビジョンを達成するためには戦略が必要であり、それぞれの戦略を実行することが必要になります。戦略を実行していくための具体的な枠組みがBSCです。そのため、BSCは中期的な計画という性格を持っています。

　また、BSCは財務的な数値を最終的な成果として位置付けており、その意味で、中期経営計画であると言えます。通常、中期経営計画は数値のみの計画ですが、BSCは数値以外の非財務データをその中に組み込むことでより強力に戦略を実行する仕組みとなっています。

　第七章では予算管理を見てきましたが、BSCは予算管理を包摂する、いわば、進化した予算管理といえるでしょう。予算管理は財務数値のみで表される計画です。しかし、財務数値の裏側にはストーリーがあると言いました。そのストーリーは、全社方針に沿って各部門がストーリーを考え、そのうえで個別の数値のストーリーを考えるというものです。つまり、全社→部門→個別数値という一連の流れがあるのです。その意

味で、予算管理は財務数値という数字に最終的には置き換わるものの、その中身はストーリーの連鎖であることがわかります。ストーリーは「因果関係」と言い換えてもいいでしょう。例えば、「売上を作るためには顧客訪問数を増やす」というストーリーは「顧客訪問数を増やす」ことによって「売上を作る」ことができる、という因果関係に置き換えることができます。このように、最終的な財務数値を獲得するための因果関係の連鎖を、ある一定のフレームで整理したものがBSCというものです。

　それでは、BSCのフレームの特徴をみていきましょう。BSCは四つの視点で因果関係を整理します。それは「学習と成長の視点」、「業務プロセスの視点」、「顧客の視点」、「財務の視点」です。「学習と成長の視点」とは人材の学習と成長を意味します。つまり、大まかに言えば人の視点です。「業務プロセスの視点」とは各部門の業務の内容を意味します。そして、日々の業務は顧客に向けられています。「顧客の視点」とはお客様の視点です。お客様にとって価値のあるものを提供できているか？　という視点です。最後の「財務の視点」は、財務数値の結果を意味します。売上、利益、資金繰り、などの財務数値は因果関係の連鎖の最後に結果として残るものです。以上のことをまとめると、「人の学習と成長」→「業務プロセスの強化」→「顧客満足の向上」→「財務数値向上」

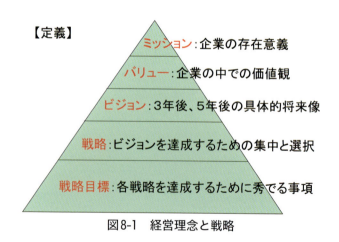

図8-1　経営理念と戦略

第八章　BSC（バランスト・スコアカード）の導入

という因果連鎖を表しているのです。BSCの構造を以下に図解して紹介します。

　図8-1では、ミッション（経営理念）およびバリュー（行動指針）やビジョンと戦略がどのようにBSCのなかで繋がっているかを示しています。ビジョンを達成するために戦略があります。そして戦略を遂行するための戦略目標が設定されます。

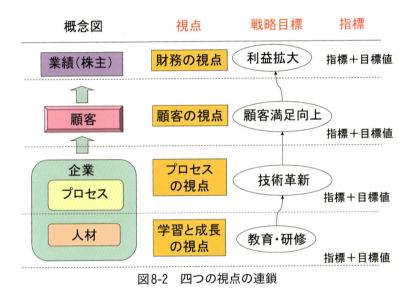

図8-2　四つの視点の連鎖

　図8-2は、BSCにおける四つの視点の因果連鎖を表しています。一番下にある学習と成長から順に上に因果関係が連鎖して最後の業績に結び付きます。また、具体的な例としてそれぞれの視点での戦略目標を示しています。そして、戦略目標にはその成果を測るものとしての成果指標と目標値を明示します。

　図8-3はBSCの名前の由来を説明したものです。BSCは二つのバランスを持っています。一つは時間軸のバランスです。学習と成長という

図8-3　二つのバランス

　人への教育は成果が出るまで時間がかかります。一方、財務数値は直近の一年での結果を表します。つまり、今年の財務数値の成果は昨年以前の人への教育が開花したものといえるのです。しかし、人への教育をしなければ短期の財務数値を得ることができません。このように、短期的な利益を追求するためには、長期的なスパンで取り組むことが大事であるという時間軸のバランスを持っています。

　いま一つのバランスは会社の内部と外部のバランスです。「学習と成長」と「業務プロセス」の視点は会社の内部の視点です。一方、「顧客の視点」と「財務の視点」は会社の外部の視点です。財務の視点は外部から業績を判断されるという意味で会社の外部ということになります。これは、つねに、顧客や外部の利害関係者の視点を意識しつつ内部の業務を行うことが大事であるということを示しています。

　このように、BSC は時間軸という概念を持ち込むことで、中長期的なビジョンを達成する構造を持っています。逆に言えば、短期的な結果を求めるためには、中長期的な取り組みが必要であることを示しています。そして、その取り組みは、四つの視点をバランスよく連鎖させることで効果的にすすめることができるのです。

第八章　BSC（バランスト・スコアカード）の導入

この構造は単年度の予算管理のバックボーンとして機能します。つまり、中長期的な計画の一部としての単年度予算という位置づけです。いわば、予算管理を時間軸と四つの視点によって立体化したものがBSCと言えるのです。

2．BSC導入の狙い

BSCの特徴は数字の裏にあるストーリーを、四つの視点で整理して、誰にでもわかりやすく図で表すことができることです。図8-2はその概念図ですが、この概念を活用してさまざまな戦略目標を図で示すことが可能です。図で示すことで、会社のすべての人が理解することが可能となります。この図は「戦略マップ」と呼ばれます。戦略マップがあれば、会社全体の方向性が確認でき、自部門が何をすべきかをビジュアルで捉えることができます。中小企業においても部門間の繋がりを意識して業務を遂行することは必須です。中小企業に実際に導入した戦略マップを以下に紹介します。

図8-4の戦略マップは、北海道紋別市にある出塚水産株式会社の実際の戦略マップです。教科書的な戦略マップを独自にアレンジしていますが、基本的な構造は変えていません。独自にアレンジしたところは、戦略目標（楕円で囲まれたもの）を部門ごとに色分けして一目でわかるようにした点、および業務プロセスの一部に「プロモーション」という項目を追加した点、また、最上位の視点に「地域貢献の視点」を入れた点です。[19]

中小企業は、地域に密着した存在です。地域では「○○の専務さん」、「○○の工場長」などと呼ばれることは先述したとおりです。地域企業への発注を優先することで、最終的には自社の利益に跳ね返ってくると

---

[19]　この過程については「メルコ管理会計研究」（2011年　第四号−Ⅰ京都大学学術出版会）の事例研究にまとめてあります。

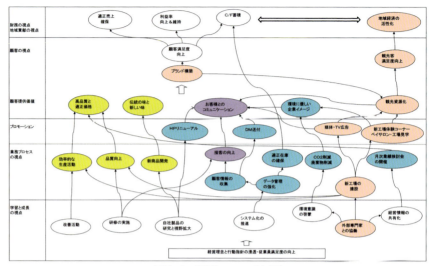

図8-4 戦略マップ事例

いう社長の思いを反映しています。

　戦略マップの戦略目標には、それぞれ、指標となるデータとその目標値をセットで作り込み、その数値を管理することで戦略目標を達成することになります。ただし、中小企業に導入した経験から言うと、すべての戦略目標に指標と目標値をセットする必要はありません。また、指標と目標値を厳格に運用する必要もありません。例えば、「接客の向上」という戦略目標であれば、指標は「マナー講習を受ける」であり、目標値は「半年に一度」ということが考えられます。しかし、マナー講習を受けた結果の本当の効果測定はお客様の反応を調べないとわかりません。お客様の反応はアンケート調査を実施すればある程度はわかりますが、アンケートを書いて頂けないお客様も多く、また、アンケート調査に書かれたことが真実とも限りません。しかし、だからといって、「半

年に一度の講習受講」という目標が的外れということにはなりません。マナー講習を受けないより受けることのメリットが大であれば、運用上はそれで問題ありません。BSCは弾力的な運用をすることで使い勝手が格段に良くなるフレームワークなのです。

3．BSC導入のコツ

　BSCは戦略マップをどう描くかがポイントとなります。戦略マップは図8-4を見ていただければわかるように、数多くの戦略目標を描くことになります。私は今まで数多くの戦略マップ事例を見てきましたが、一つの傾向があることに気が付きました。それは、「顧客の視点」に「業務プロセス」の視点の戦略目標が混ざり込んでいるケースが多いということです。例えば、顧客の視点に「顧客訪問回数を増やす」という戦略目標が入っているケースです。顧客訪問回数を増やす、という戦略目標は社内の業務プロセスです。したがって、本来は「業務プロセスの視点」に入るべきですが、顧客という文言が入っていることで「顧客の視点」に入れてしまったのではないかと推察します。

　戦略マップを描くことは、上記の例からもわかるように、戦略目標をどの視点に入れるか、あるいは、どの視点から戦略目標を描いていくか、などの実務上の難しさがあります。私自身、初めて戦略マップを描こうとしたときに、この二つの課題に直面して手が止まった経験があります。それから、試行錯誤の結果、戦略マップを描くためのコツを発見しました。そのコツを以下にご紹介します。

　そのコツは、「顧客の視点」から始めるということです。業務プロセスとの混乱を避けるためには、まず、「顧客の視点」に何が入るかを整理しておくことが必要です。「顧客の視点」は「顧客提供価値」という言葉に置き換えることができます。つまり、顧客にとってどのような価値を作り出すのか、ということです。例えば、飲食店であれば、顧客提

供価値は「おいしさ」や「手ごろな価格」また「清潔さ」や「落ち着ける雰囲気」などが考えられます。それらを、戦略目標として「顧客の視点」に並べます。これが第一ステップです。

　次に、それらの戦略目標を達成するための「業務プロセス」を考えます。例えば、「おいしさ」という戦略目標を達成するための業務プロセスは「良い素材の調達」や「新メニューの開発」などが考えられます。これが第二ステップです。つまり、戦略マップ上の位置関係では下に降りて行くということです。ところで、因果関係の→は下から上に上っていきます。したがって、単純に考えれば「学習と成長の視点」からスタートする必要があると思いがちですが、必ずしもそうする必要はありません。最終的に得たいものは、因果関係の連鎖が示された戦略目標なのですから、上から下に下りて行ったとしてなんら問題はありません。「おいしさ」→「良い素材の調達」は→を反転して「おいしさ」←「良い素材の調達」とすれば良いのです。続いて、良い素材の調達に繋がる戦略目標としては「生産者の情報収集」という戦略目標が考えられます。繋げると「おいしさ」←「良い素材の調達」←「生産者の情報収集」という流れになります。次に、「業務プロセスの視点」から「学習と成長の視点」に下りて行きます。これが第三ステップです。「生産者の情報収集」のために必要な「学習と成長の視点」の戦略目標としては、「生産者とのコミュニケーション強化」などがあります。全て繋げると「おいしさ」←「良い素材の調達」←「生産者の情報収集」←「生産者とのコミュニケーション強化」という流れになります。これで、一つの因果連鎖が出来上がったことになります。どうでしょうか？　これで格段に取り組みやすくなったはずです。
　ここで、上記のコツを整理します。

　　①「顧客の視点」からスタートする
　　②「顧客の視点」には顧客提供価値を入れる
　　③顧客提供価値を達成するために必要な業務プロセスを考える

第八章　BSC（バランスト・スコアカード）の導入

④③の業務プロセスを達成するための「学習と成長の視点」を考える
⑤→を反転させる

図解すれば次のようになります。

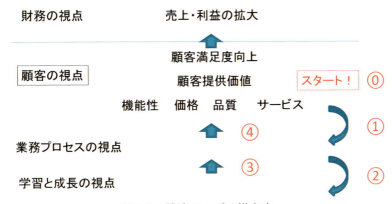

図8-5　戦略マップの描き方

　BSC は1990年代に米国で開発されました。日本では主に大企業に導入され一つのブームとなりました。それゆえ、一般的には BSC は大企業向きという理解が浸透しました。しかし、上記のように、弾力的な運用とコツを覚えることで、中小企業でも簡単に導入でき、しかも、大きな効果を上げることが可能です。
　経営理念を作りそのバックボーンのうえでビジョンを作り、ビジョンの達成のための戦略を作り、その推進を強力に進めるためのフレームワークが BSC です。その意味で、BSC は全てを包摂するフレームワークといっても過言ではありません。ぜひ、これを機に BSC の導入にチャレンジしていただきたいと思います。

コラム8

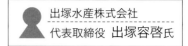
出塚水産株式会社
代表取締役 出塚容啓氏

かまぼこを作れない社長が、かまぼこ屋の社長になったのです。

会社の中の仕組みがわかるはずもありません。

しかし、しばらくすると気が付きます、ここは会社ではなく、「商店」であることに。

ここから、本当の改革が始まりました。

「商店」を「企業」にすることです。

「会議」の「か」の字もわからない社員と会議をすることは、困難を極めました。始めの数年間は、単なる口論の場、もしくは、不満・誹謗・中傷合戦に終始しました。

その場へ、BSCを持ち込むなど、正気の沙汰ではありません。

しかしながら、継続は力なり、なのでしょうか、何なのでしょうか、だんだんそれらしくなるから不思議です。もし途中で諦め、会議をやめてしまっていたら、今は別の結果になっていたかもしれません。

当時、衛生管理を行えるHACCP工場と店舗をつくる目的で、BSCを持ち込みました。

しかしながら、田舎の小さなかまぼこ屋が、販路も直営店と近郊商店への卸売りしかない状態で、新しい工場を作ることは、大変挑戦的、いや、冒険的な試みでした。

もしかしたら、この試みは、失敗するかもしれない、会社が消滅するかもしれない、そんなことばかり考え、もし、うまくいかなかったら、誰が助けてくれるのだろう？　何が救ってくれるのだろう？　と考えた時に、たどり着いたのが、「地域の人々とその自然」でした。

それゆえ、BSCのトップに据えたのは、「地域への貢献」と「財務の視点」でした。「地域への貢献」は短期的には財務の改善に直結しません。例えば地元の取引先を優先して資材を仕入れる場合、他地域からの仕入れより割高になることもあります。しかし、最終的には地元の方々

第八章　BSC（バランスト・スコアカード）の導入

から愛されることにより、継続的な売上や利益になって跳ね返ってくるのです。

　子供のころ、年末になると、忙しい両親は、夕食を作る時間もないため、社員の夜食の"てんやもん"に私たち兄妹の分も追加してとってくれました。市内には十数件のラーメン屋があるのに、いつもきまって同じラーメンでした。たまには、他のラーメンも食べたいと言うと、「夜食も仕事のうちだ」と言われました。

　ラーメンにうちの"なると"が入っていたのです。

　うちは、「なると」を買ってもらい、その「なると」の入ったラーメンを食べる。これが、わが家の商売の基本だったのです。

　そこで、BSC ですが、最終的目標を、「地域への貢献」と位置づけ、新工場の設計段階から、地場の建築業者へお願いする方法を模索しました。

　目的は、衛生管理のきちんとした HACCP 食品工場です。

　そんなもの、建築した経験のある業者があるはずもありません。

　そこで、HACCP コンサルタントと保健所に依頼し、設計段階から加わってもらい、土木、建築、設備、電気等を可能な限り地元企業へ発注しました。

　また、近隣商店、食堂との連携を維持するために、本業以外の商売にはあえて参入せず、近所全体で観光施設（地域）となるよう配慮をしました。

　設計段階から、地域を巻き込み、完成後の商売でも地域と連携することによって、利益を上げることを目標としました。

　その結果、建築に関与した企業から、毎年必ず贈答品の注文をいただき、また、各地で口コミによる宣伝もしていただき、現在に至っています。

　BSC は「学習と成長」、「業務プロセス」、「顧客」の視点を通じて財務の視点に繋がる枠組みですが、「学習と成長」の基にあるのが経営理

念であり、財務の視点の基になるものが「地域への貢献」ということに
なります。改めて考えてみると、いずれも紋別という地域から発したも
のなんだと実感しています。

お わ り に

～中小企業への管理会計導入の課題と展望～

中小企業へ管理会計を導入するというテーマで本書を書いてきました。本書を書くことは、私の今までの10年間のコンサルティング業務の振り返りでもありました。その結果、改めて感じたことを最後に書いてみたいと思います。

中小企業への管理会計導入は三つのポイントがあります。まず、第一のポイントは「社長の決意」です。社長の「なんとしても導入するんだ」という決意がなければ、手間暇のかかるわりに即効性のない管理会計導入は進みません。第二のポイントは、「全体像を知る」ということです。本書を読んでいただければおわかりのように、各章の管理項目は互いに連携し合っています。したがって、一部のみを導入しても効果が限られるのです。三つ目は「継続性」です。手間暇のかかる管理会計を導入するためには、最低でも３年の月日を要します。しかし、３年間の継続を経れば、あとは、会議体を開催することでその効果を持続することは比較的簡単です。

つまり、管理会計を一朝一夕に導入する方法はありません。しかし、もっと簡単に導入する方法はないのか？　と思われた方も多いのではないでしょうか？　その点から言えば、管理会計システムの導入は一つの解ではあります。しかし、システム化は、管理会計の手法を導入した後からでなければ宝の持ち腐れとなってしまう可能性が大です。例えば、原価計算のシステム化は、自社の原価積上げの最適な方法を理解してからでなければ構築のしようがありません。システム化は業務プロセスの焼き写しです。まず、あるべき業務プロセスを作り込んでからでなければ本来作り込めないのです。しかし、業務プロセスが確立した後であれ

ば大きな効果が期待できます。その意味で、管理会計システムの導入は大きな可能性を秘めた分野であると言えるでしょう。

　本書の中で幾度となく「急がば回れ」という文言が出てきたと思います。中小企業においては、根気よく、手順を踏んで、管理会計の導入に挑んでいただきたいと思います。しかし、導入した暁には、間違いなく費やした時間をはるかに上回る効果が得られます。

　会社は人と人の集合体です。そして人はコミュニケーションの生き物です。管理会計という仕組みを通して、コミュニケーションを活発にすることで、よりよい会社にすることが可能となるのです。よりよい会社が増えれば、よりよい社会になるのではないでしょうか。その意味で、管理会計はよりよい社会を作るための共通インフラとも言えるかもしれません。

　世の中の中小企業の多くが管理会計を導入する日が来ることを心より願っています。最後までお読みいただきありがとうございました。

　また、本書を出版するにあたりコラム執筆のご協力をいただいた方々および日々の業務のなかでいろいろなヒントを与えていただいた顧客のすべての皆さまに心より感謝申し上げます。

　平成31年初春

　　　　　　　　　　　　　　　　　　　　　　　　藤 本 康 男

おわりに

　本書は、中小企業への管理会計の導入をテーマとしたものでした。

　管理会計は、財務会計のように会計基準のようなルールに従う必要もなく、各企業が、好きなように設計できる、とても自由な仕組みです。各企業が、経営状況を把握したり、意思決定をしたりするのに、一番適した仕組みを、思うとおりに構築することができます。その意味では、管理会計はとても自由な仕組みです。企業の数だけ、異なる仕組みがあるといっても過言ではありません。

　とはいえ、もちろん、管理会計の基本的な考え方、というものは存在しています。多くの企業で実践されて、効果が認められた共通の考え方、あるいは、やり方というのが確認されています。本書では、理論編で、管理会計における各テーマの概要や基本的な考え方について述べ、実務編で、管理会計の技法を導入する一般的なプロセスやその際に注意すべき内容について説明を行いました。本書は、管理会計を導入しようとする中小企業にとって、管理会計への理解を深める羅針盤になるはずです。

　本書に書かれていた基本的な内容を踏まえたうえで、各企業は、それぞれの経営環境に照らし合わせて、最適な仕組みをカスタマイズしながら導入していくことが求められます。どのような管理会計の仕組みが、その企業にとって最適なのか。その具体的な答えについては、経営者と社員が、自分たちで考えて、見つけていくほかありません。だから、管理会計は難しいわけですが、同時に、ものすごく面白いのです。

　仕組みを導入するには、手間もかかります。これまでに管理会計に触れた経験のない中小企業にとって、いきなり理想通りの仕組みを構築す

ることは不可能です。したがって、できることから少しずつ取り組んで、時には失敗も経験しながら、試行錯誤を通じて、当該企業にとって適切な仕組みを作り上げていくことになります。

　中小企業では、多くの場合、管理会計の仕組みが構築されていません。それには理由があります。ほとんどの個人事業主、または、家族経営の場合、事業主は、経営状況の全体像を頭の中で把握できていて、特別な仕組みがなくても用が足りています。もちろん、それでもきちんとした記録から得られたデータに基づいて、各種の意思決定をすることができればそれに越したことはありませんが、手間をかけてデータを収集する意味が見いだせないということは理解できます。

　しかし、規模がもう少し大きくなるとどうでしょうか。たとえば、事業が拡大してきて、社員が10名以上になってきたら……。経営者が一人ですべての仕事をこなすことができなくなり、社員に仕事を任せるようになると、経営者にとって色々と分からないことや、見えないことが出てきます。この規模にまで企業が成長してきたら、管理会計を導入すべきタイミングとなります。経営者が、経営状況を把握して、適切な意思決定をするために、また、仕事を任せている社員と情報を共有して、社員とともに課題について取り組み、そして、社員のやる気を引き出すためにも、適切な管理会計の仕組みが必要となってきます。

　ところが、日々の経営の多忙さに引きずられて、ひたすら営業、仕入、製造、資金繰り、で忙殺されてしまう現実があります。そのような状況でも、売上が拡大し、経営がそれなりにうまくいっているうちは、なかなか管理会計の仕組みが導入されず、企業の規模だけが大きくなっていきます。そして、ある時、売上が頭打ちになり、何かしらの経営上の問題が発生した時に、やっと管理会計が注目されるわけです。しかし、あまりにも切迫した状況に追い詰められてしまうと、管理会計の導入を考える余裕などありません。そうなってしまってからでは、たいて

い手遅れです。ですから、ちょっとした問題が発生した頃合いで、まだ経営に余力が残っているうちに、ぜひ多くの中小企業に管理会計を導入してもらいたいのです。

　このように、管理会計は、困ってから必要とされる傾向のある仕組みです。ですから、経営の調子が良いときには、見向きもされません。しかし、調子が悪くなっても、本当に困窮してしまうと、管理会計を導入する余力がなくなります。

　したがって、中小企業に管理会計を普及するためには、規模的に頃合いの来ている中小企業の経営者に、管理会計の重要性を理解してもらう必要があります。しかし、経営者は、経営そのものに集中していて、なかなか社内の仕組みの構築にまで意識が回りません。誰かが、管理会計の仕組みを構築するために経営者の支援をしてあげられないものでしょうか。この時、真っ先に思い浮かぶ支援者に、中小企業の経営者にとって、一番身近な専門家である税理士が挙げられます。もちろん、管理会計は、税理士にとって本務と異なる専門領域に属するものです。とはいえ、税理士が、管理会計の専門家と連携して、ワンストップのホットラインを構築してくれたり、あるいは、税理士自身が、管理会計の導入に関する専門性を備えてくれたりするようになると、日本の中小企業は大きく変わるのではないかと期待しています。税理士に加えて、金融機関や行政機関にも、中小企業への管理会計導入に関する様々な支援をする役割を果たすことが期待されます。

　また、経営者のほうからも、身近にいる管理会計に詳しい専門家を積極的に探して、頼ろうとしてもらいたいと思います。専門家の支援を受けると、管理会計の導入がスムーズに進む可能性も高まります。事業内容や現場の状況をよく聞いて、見て、理解しようと努め、管理会計の仕組みを社員と一緒に作り上げていこうという姿勢が見える専門家であれば、信頼できると思います。

最後に、管理会計の仕組みを構築する場合、経営者の方々は、社員とのコミュニケーションを深めていくことを、ぜひ重視してください。管理会計の仕組みを通じて、数字と実態を突き合わせながら、社員とともに、現在の経営上の課題を検討し、将来の経営の方向性を探ることができるようになると組織は活性化します。事業の継続のためには、社員を巻き込んだ組織の活性化が必要な要素です。そのための基盤になる仕組みが管理会計です。

　本書が、中小企業の経営者、および、中小企業にかかわる多くの専門家の方々にとって、わずかでも参考となるような啓蒙書となれば幸いです。

篠 田 朝 也

参考文献一覧

青木茂男（1970）『新訂　管理会計論』国元書房

岡本清（2000）『原価計算（六訂版）』国元書房

加登豊・山本浩二（2008）『原価計算の知識』日本経済新聞出版社

日本生産性本部中小企業原価計算委員会編（1959）『増補版　中小企業のための原価計算』日本生産性本部

マルティン・ハイデッガー（1927）『存在と時間』（細谷貞雄訳）筑摩書房

吉川武男（2003）『バランス・スコアカード構築』生産性出版

ポール・R・ニーブン（2004）『ステップ・バイ・ステップ　バランス・スコアカード経営』（松原恭司郎訳）中央経済社

アメーバ経営学術研究会（2017）『アメーバ経営の進化：理論と実践』中央経済社

三谷宏治（2013）『経営戦略全史』ディスカヴァー・トゥエンティワン

和仁達也（2017）『コンサルタントの経営数字の教科書』かんき出版

平川克美（2008）『ビジネスに「戦略」なんていらない』洋泉社

篠田　朝也（しのだ　ともなり）

生年：1975年、出生地（岐阜県）
京都大学大学院経済学研究科修了　博士（経済学）
滋賀大学経済学部講師、助教授、准教授、
北海道大学大学院経済学研究院准教授を経て、
岐阜大学社会システム経営学環教授

藤本　康男（ふじもと　やすお）

生年：1964年、出生地（徳島県）
北海道大学経済学部卒業
キヤノン株式会社経理部勤務（18年間）を経て独立
フジモトコンサルティングオフィス合同会社　代表社員
藤本康男税理士事務所　所長

中小企業のための管理会計
～理論と実践～

2019年7月8日　初版第1刷発行
2025年2月8日　第3刷発行

著　　者　篠田朝也
　　　　　藤本康男
発行者　中田典昭
発行所　東京図書出版
発行発売　株式会社 リフレ出版
　　　　　〒112-0001　東京都文京区白山5-4-1-2F
　　　　　電話 (03)6772-7906　FAX 0120-41-8080
印　　刷　株式会社 ブレイン

© SHINODA, Tomonari / FUJIMOTO, Yasuo
ISBN978-4-86641-235-1 C2034
Printed in Japan 2025
本書のコピー、スキャン、デジタル化等の無断複製は著作権法上
での例外を除き禁じられています。本書を代行業者等の第三者に
依頼してスキャンやデジタル化することは、たとえ個人や家庭内
での利用であっても著作権法上認められておりません。

落丁・乱丁はお取替えいたします。
ご意見、ご感想をお寄せ下さい。